Bayerns größter Hit

Thomas Göttinger

Bayerns größter Hit

Konrad Max Kunz
und die Bayernhymne

Bibliographische Informationen der deutschen Nationalbibliothek: Die Deutsche Nationalbibliothek verzeichnet diese Publikation in der Deutschen Nationalbibliografie; detaillierte bibliografische Daten sind im Internet über http://dnb.d-nb.de abrufbar.

© 2010 Thomas Göttinger
Herstellung und Verlag: Books on Demand GmbH, Norderstedt
Printed in Germany
ISBN 978-3-8391-3294-4

„Ex humo per fumum ad astra.“

Inhalt

Willkommen auf dem Mond!

Keine Panik. Sie sind nicht im falschen Buch gelandet. Sie haben schon richtig gelesen: Willkommen auf dem Mond! Auf dem habe sich die Geschichte nämlich zugetragen, die er hier erzählen wolle, behauptete Konrad Max Kunz 1866 in seiner kleinen Festschrift „Die Stiftung der Moos-Gau-Sänger-Genossenschaft Moosgrillia". Nur um die Sache dem menschlichen Verstand besser verständlich zu machen sei sie von ihm auf die Erde verlegt worden, mitten hinein ins Dachauer Moos, also nach Bayern, dem Land, auf das er sechs Jahre zuvor jenes Lied komponiert hatte, das einmal die Bayernhymne werden sollte und das noch heute öfter gespielt und gesungen wird, als so mancher vermeintlich erfolgreiche Song aus den Charts – Bayerns größter Hit.

Mal ganz abgesehen davon, dass auf viele, vornehmlich nördlich der Mainlinie lebende Zeitgenossen Bayern schon damals wie ein weit entfernter und nur höchst ungenügend erforschter Planet gewirkt haben mag, berichtet Kunz in der „Moosgrillia" dann tatsächlich von einer wahrlich extraterrestrischen Begebenheit. Es können schließlich nur Außerirdische am Werk gewesen sein bei der von ihm geschilderten Gründung eines Männergesangsvereins, der zwar über so gut wie keine Sänger verfügt, dafür aber über die bahnbrechende Erkenntnis, dass Sänger auch nicht das Wichtigste an einem Gesangsverein sind.

Auf was es nach Ansicht dieser fremden Lebensform stattdessen ankommt, kann hier noch nicht verraten werden, schließlich sollen Sie die Geschichte im Anhang dieses Buches selbst lesen und sich nicht schon im Vorfeld die Spannung nehmen zu lassen. Nur dieser kleine Hinweis sei erlaubt: Es ist etwas zum Hochhalten, etwas, das die Herzen höher schlagen lässt und die Gedanken hinauf trägt in weit entfernte, uns bislang vollkommen unbekannte Galaxien, getreu dem alten „Moosgrillia"-Wahlspruch „Ex humo per fumum ad astra". (Als kleiner Service für die wenigen Nicht-Lateiner unter den Lesern: „Aus der Erde durch den Rauch zu den Sternen." Oder, mit den Worten des Meisters selbst: „…zu den Gestirnen.")

Willkommen also, lieber Leserin, lieber Leser, auf dem Mond und willkommen im Leben des Konrad Max Kunz!

Nicht, dass seine „Moosgrillia" ein autobiographischer Text wäre. Gott bewahre. Erstens war Kunz, diese ganz und gar „sokratische Natur", wie ihn der Kulturwissenschaftler Hyacinth Holland einmal genannt hat, nicht besonders auskunftsfreudig, was seine Person anging. Zweitens sollte die „Moosgrillia" ja auch einen ganz anderen Zweck erfüllen. Sie ist zuallererst nämlich eine ebenso boshafte wie liebevolle Satire, die sich mit ihren skurrilen Figuren, ihrer charmanten Hinterfotzigkeit und dem reichlich vorhandenen bayerischen Lokalkolorit noch heute liest, als wäre da ein früher Gerhard Polt am Werk gewesen. Aber sie führt bei aller satirischen Überzeichnung eben auch mitten hinein in jene Welt, in der Kunz wie kaum ein Zweiter zuhause war und ohne die sich die Entstehung der Bayernhymne nicht begreifen lässt.

Es ist die gar nicht so kleine Welt der Gesangsvereine und Sängerbünde des 19. Jahrhunderts, eine weit in die Mitte der Gesellschaft hineinwirkende Bewegung, in der nicht allein Gesang und Geselligkeit gepflegt wurden, sondern mindestens ebenso sehr Bürgerlichkeit und bürgerliches Selbstbewusstsein. Mehr noch: Die Mitgliedschaft in einem Chor geriet damals schnell zu so etwas wie einem freiheitlichen und damit politischen Bekenntnis. Nicht von ungefähr bestanden denn auch enge Verbindungen zur weit verzweigten europäischen Verfassungsbewegung des 19. Jahrhunderts.

„Das gesellige Singen war dabei mit bestimmten Ideen verknüpft", schreibt der Historiker Thomas Nipperdey über das Chorwesen jener Zeit. Zu diesen Ideen gehörten etwa die volkspädagogischen Gedanken des Pestalozzischülers Hans Georg Nägeli oder auch, so Nipperdey, die „patriotischen Ideen der Freiheitskriege und der nationalen Bewegung und die demokratisch-volkstümlichen Ideen des Liberalismus". Es ging im weitesten Sinne um Teilhabe am und um Identifikation mit dem Staatswesen, um nationales wie liberales Gedankengut. Und es ging um das, was Nipperdey treffend die „Verbürgerlichung der ästhetischen Kultur" nennt, jenes sich Aneignen von Kunst, Literatur, Theater und nicht zuletzt auch der Musik durch das Bürgertum, das schließlich die Grundlage des modernen Kulturbetriebes geworden ist und nachhaltig nicht nur die Kunst, sondern auch das Selbstverständnis der Künstler verändert hat.

Aus diesem Geist heraus ist die Bayernhymne entstanden. Kunz hat ihre Melodie 1860 explizit für die Münchner „Bürger-Sänger-Zunft" (BSZ) als Zunftlied komponiert, wie deren Archivar Dr. Johannes Timmermann zweifelsfrei nachweisen konnte. Die BSZ war zu diesem Zeitpunkt die bedeutendste bürgerlich-kulturelle Vereinigung der Stadt. Sie verfügte (bzw. verfügt, denn sie existiert bis heute) über einen viel beachteten (Männer)Chor sowie ein eigenes Orchester. Kunz, der im Hauptberuf als Chordirigent an der Königlichen Hofoper arbeitete, war ihr musikalischer Leiter. Die Zunft wiederum dürfte über viele Jahre hinweg sein wichtigster gesellschaftlicher Bezugspunkt gewesen sein und letztlich auch die Blaupause für jenen Männergesangsverein in Gründung geliefert haben, den er in der „Moosgrillia" so genüsslich durch den Kakao oder besser noch: durchs gute bayerische Bier zieht.

In der Zunft lernte er auch den Lehrer Michael Öchsner und dessen Gedicht „Für Bayern" kennen, das dieser laut Timmermann „ohne konkreten Anlass, aber nach jahrzehntelanger Arbeit zur staatsbürgerlichen Erziehung" ersonnen hatte. Die poetische Kraft seiner Sprache, die für damalige Verhältnisse erstaunlich dezenten pathetischen Anwandlungen und nicht zuletzt auch die getragene Schlichtheit der Worte – all das wurde vielfach gewürdigt und die besondere Qualität der Hymne gerade in ihrem Text, in diesem unvergleichlichen „Gott mit dir, du Land der Bayern", gesehen. Hermann Heimpel etwa verweist in seinem berühmten, aber zwischenzeitlich überholten Aufsatz „Für Bayern – Schicksale der Bayernhymne" aus dem Jahr 1973 auf den Rechtsgelehrten und Historiker Johann Friedrich Böhmer und dessen Anforderungen an „das deutsche Nationallied". Heimpel: „Das Lied, als dessen künftiger Dichter Goethe in Anspruch genommen wird, müsse (Zitat Böhmer) ,zwischen dem Volkslied und dem religiösen Liede in der Mitte gehalten seyn' – diese Mitte hat Öchsner auf das Genaueste getroffen." Wohl wahr.

Was freilich für den Text gilt, gilt nicht minder für die Melodie in G-Dur, die Kunz dazu komponiert hat. Sie ergänzt Öchsners Worte nachgerade kongenial und dürfte nicht zuletzt ihrer Eingängigkeit wegen entscheidenden Anteil an der Popularität der Bayernhymne haben. Dass diese Musik zur Not auch ganz ohne Worte auskommt, wird nirgendwo deutlicher, als ausgerechnet auf dem Marktplatz in Schwandorf, der Stadt, in der Konrad Max Kunz 1812 geboren wurde. Dort spielt zur Erinnerung an ihn zweimal am Tag, jeweils um 11 Uhr und um 17 Uhr, ein Glockenspiel die schlichte Melodie des Bayernliedes und unterstreicht:

Hymnischen Pomp und staatstragendes Pathos braucht es gar nicht, es funktioniert auch so. Kunz ist da definitiv eine ganz große Nummer gelungen, Volkes-Musik eben, die, wie wir sehen werden, von „unten" kommt und im wahrsten Sinne des Wortes populär sein will.

Das Problem ist leider: Diesen Konrad Max Kunz aus Schwandorf in der Oberpfalz kennt keiner! Oder so gut wie keiner. Zwar ist er in diversen Lexika verzeichnet, in „Bosls Bayerischer Biografie" gelistet und auch in der sogenannten „MGG", der Enzyklopädie „Die Musik in Geschichte und Gegenwart", gibt es einen kleinen Artikel über ihn. Doch das war es dann auch schon. Details zu Leben und Werk, die über lexikalische Einträge hinaus gehen? Fehlanzeige. Eine umfangreiche Darstellung oder gar eine wissenschaftliche Aufarbeitung? Vergessen Sie es! Auch bayerische Landespolitiker tun sich regelmäßig schwer mit ihm, obwohl sie doch eigentlich schon von Berufs wegen mit der Hymne und ihrem „Macher" vertraut sein sollten. Sowohl die damalige CSU-Generalsekretärin Christine Haderthauer als auch Interimsministerpräsident Günter Beckstein konnten im Frühjahr 2008 jedenfalls nichts rechtes mit diesem Kunz anfangen, wie der Autor auf Nachfrage erstaunt feststellen musste – und dass, obwohl sie sich zu diesem Zeitpunkt nicht nur auf Wahlkampftour in Kunz' Heimatregion befanden, sondern zum Abschluss ihrer jeweiligen Veranstaltungen selbstverständlich auch die Bayernhymne gesungen haben.

Andererseits: Kann man der in Hamburg geborenen, in Oberbayern lebenden Haderthauer und dem Mittelfranken Beckstein wegen dieser Unkenntnis wirklich einen Vorwurf machen, wo sich doch auch die Oberpfälzer bis heute nicht für ihren „Landsmann" interessieren? Wohl kaum. Dabei würdigte ihn Ministerpräsident Alfons Goppel 1975 in einer

Radioansprache noch mit den Worten : „Ein Mann aus der Oberpfalz, und da bin ich als Oberpfälzer fast ein wenig stolz, dass es sich um einen Schwandorfer handelt und dass damit die Oberpfalz wieder ihre Musikalität auch in dieser Weise kundgetan hat." Wirkung hat das allerdings nicht gezeigt. Im Gegenteil. Ein 1981 erschienenes Buch über „Bedeutende Oberpfälzer" listet zwar neben den üblichen Verdächtigen Gluck, Schmeller und Reger auch so beeindruckende Figuren wie etwa „die Portner von Theuern", Joseph Rudolf Schuegraf, Wolfgang Bauernfeind oder Johann Baptist von Anzner auf, doch der Komponist der Bayernhymne fehlt.

Immerhin hat es der in Amberg geborene Franz Seraph von Pfistermeister in das Buch geschafft. Er diente sowohl König Maximilian II. als auch Ludwig II. als „Sekretär" und ging in die Musikgeschichte ein, weil er für den jungen Ludwig einst den flüchtigen Richard Wagner ausfindig machte, um ihn nach München zu holen. Dass der sich zunächst vor Pfistermeister versteckte, weil er fürchtete, seine zahlreichen Gläubiger hätten den Fremden geschickt, um Schulden einzutreiben, entbehrt ebenso wenig einer gewissen Ironie, wie der Umstand, dass der Herr Sekretär später alle Hände voll zu tun haben sollte, um das „Abenteuer Wagner", auf das sich sein König eingelassen hatte, nicht vollends aus dem Ruder laufen zu lassen, und er am Ende genau deswegen bei Ludwig in Ungnade fiel.

Viel wichtiger aber ist hier: Pfistermeister und Konrad Max Kunz kannten sich von ihrer gemeinsamen Schul- bzw. Studienzeit in Amberg. Beide hatten später wieder Kontakt, waren vielleicht sogar miteinander befreundet, als sie in München gelebt und gearbeitet haben – der eine, Pfistermeister, im Zentrum der Macht als nun wirklich enger Vertrauter des Königs, der andere, Kunz, als schlecht bezahlter Chordirektor an der königlichen Hofoper, wo er es natürlich auch mit dem von Pfistermeister herbei geschafften Richard Wagner zu tun bekam. Kunz war schon allein qua Amt an den Uraufführungen der Wagner-Opern „Tristan und Isolde", „Das Rheingold" und „Die Meistersinger von Nürnberg" beteiligt. Wagner und sein überaus gehorsamer Adlatus, der Pianist, Dirigent und Liszt-Schwiegersohn Hans von Bülow, sollen seinen Chor denn auch als einen der besten Opernchöre, wenn nicht gar den besten Opernchor in ganz Europa bezeichnet haben, wie Kunz in einem Brief an König Ludwig II. schrieb.

Kunz hatte freilich so seine Schwierigkeiten mit Wagner und dessen (neuer) Musik. Ihn hat darüber hinaus das ganze Drumherum, die Aufregung, ja Hysterie um Wagner in München zutiefst abgestoßen. Die „Moosgrillia" gibt davon beredt Zeugnis, auch wenn der Name des berühmten Komponisten darin kein einziges Mal auftaucht. Doch schon der von Kunz erwählte Brachvogel, der dem Ganzen seinen Titel gibt, die „Moosgrille", verweist auf Wagner. Das Tier kann im Grunde nämlich, so jedenfalls die Behauptung des Autors, die „unendliche Melodie" pfeifen. Zwar hat Richard Wagner den Ausdruck von der „unendlichen Melodie" wohl nur ein einziges Mal tatsächlich verwandt, doch wurde seine Musik zu seinen Lebzeiten häufig genau mit dieser Umschreibung assoziiert. Auch sonst fehlt es in der „Moosgrillia" nicht an deutlichen Anspielungen auf ihn. Und wer weiß, vielleicht spielt die ganze Geschichte ja auch nur deshalb auf dem Mond, weil spätestens nach dem grandiosen Chaos um die Uraufführung von „Tristan und Isolde" 1864 in München, die Kunz in allen Einzelheiten und hautnah miterlebt hat, die bis dahin geordnete Welt des königlichen Chordirektors vollends aus den Fugen zu geraten schien und die Stadt urplötzlich Kopf stand.

Dass Konrad Max Kunz als Komponist gleich mehrere Ligen unterhalb Wagners spielte, um ausnahmsweise einen dieser unseligen Fußballvergleiche zu bemühen, muss hier nicht weiter ausgeführt werden. Zwar würdigte wiederum der enge Wagner-Vertraute Hans von Bülow Kunz' mehr als herausragenden kompositorischen Fähigkeiten, zwar wurden seine Chorkompositionen in ganz Europa gesungen und nicht zuletzt ihrer handwerklichen Qualität wegen geschätzt, doch blieb das, was er da komponierte, eben immer auch weitgehend im Rahmen dessen, was man zu seiner Zeit erwarten durfte. Seine Werke sind in überaus hohem Maße zeitgebunden, um es noch vorsichtig zu formulieren. Kein Wunder: Sie gehören in einen ganz bestimmten kulturellen, politischen und gesellschaftlichen Kontext, ohne den sie heute nur mehr schwer verdaulich sind.

Einen guten Eindruck davon gibt eine zeitgenössische Rezension zur Aufführung von Kunz' „Prinz Eugenius" am 26. Juli 1847 auf dem großen Sängerfest in Regensburg. Kunz hatte das alte, von Carl Friedrich Becker 1719 in Leipzig aufgefundene Volkslied „Prinz Eugenius, der edle Ritter" in eine Heldenlied für Männerchor und einer kompletten „Militärmusik" verwandelt. Die Wirkung, die er damit auf beim Publikum auslöste, war phänomenal. Wahre Begeisterungsstürme müssen über ihn herein gebrochen sein, wie Zeitzeugenberichten zu entnehmen ist. Offenbar hatte Kunz mit dieser Musik und den deutsch-nationalen Anwandlungen des Stückes einen Nerv des Publikums getroffen. In der Rezension heißt es:

„Haben Sie denn drüben am Lech beiläufig um Sonnenuntergang nicht ein Brausen und Sausen, ein Tönen und Dröhnen gehört, als würde oben an der Donau eine mächtige Schlacht geschlagen, als krachten tausend Geschütze, als wirbelten tausend Trommeln und mitten durch das Getöse der Waffen schallte der Gesang kampffreudiger Männer: ‚Prinz Eugenius der edle Ritter!' Belgrad ist wieder erobert worden, und der große Feldherr vertauschte den alten Lorbeer von 1717 mit einem frischen. Das allbekannte Volkslied, das die alten Knasterbärte aller deutschen Heere und alle flaumbärtigen Burschen irgend einer deutschen Hochschule mit gleicher Vorliebe singen, hat den großen stolzen Sieg errungen. Mit ihm fiel eine Brandrakete in die Herzen aller, und hochauf loderte die allgemeine Begeisterung. Nun, Sie kennen es ja auch das bewusste Lied, das wurde also in der dritten Abteilung der Festproduktion vorgetragen, ganz nach der echten, ursprünglichen Weise, wie sie Becker in Leipzig aus einer Handschrift vom Jahre 1719 veröffentlicht. Der Musikdirigent des Sängerfestes, Konrad Max Kunz, hat die einfache Melodie ganz beibehalten, sie in vierstimmige Harmonie gebracht und eine selbstständige Instrumentalbegleitung dazu geschrieben. Sein Werk ist ein vollendetes – durchweg gelungen, das hat sich heute erprobt, und all' der Beifall der Hörenden, der jubelnde Dank der Sänger war wohlverdient, denn er hat ein Werk geschaffen, wie es selten ist, voll Verständnis, Wahrheit und Wärme. Dem Volke hat er wieder gegeben, was des Volkes war, und doch der Kunst ihr Herrscherrecht nicht verkümmert. Sie werden es hören, wie dieses kräftige Tonbild sich sicheren Ganges entrollt, Gruppe um Gruppe, Handlung um Handlung, wie Licht und Schatten sich teilt, und die Effektstellen, ohne vordringlich zu werden, herausgreifen in die horchende Menge mit kräftiger Mannesfaust, und alles mit fortreißen auf der Bahn zu Kampf und Sieg. Jede der neun Strophen stellt sich bei gleicher streng bewahrter Melodie frei und einzig hin; was in den Worten gesagt ist, geschieht in der Musik. Heiter wie ein Liedlein vom alten

Husaren im Biwak gepfiffen beginnt's und wächst an zum Schlachtgesang eines Volkes und klagt wie eine Freundesschaar an der Bahre des gefallenen Heldenjünglings, immer dasselbe Lied und doch ein anderes. Als die Trommeln einschlugen zum Angriff, die Constabler aufspielten zum Tanze und Prinz Eugen wie ein Löwe fechtet, da meinten wir alle, wir müssten uns mit freudiger Brust hinein werfen in Kampf und Tod, und mit unerhörter Kraft jauchzte es hinauf: Haltet euch brav, ihr deutschen Brüder, greift den Feind nur herzhaft an! (…) Unbeschreiblich war der Jubel im Volke, noch war der letzte Akkord nicht ausgeklungen, da rief es schon aus unzähligen Kehlen: ‚Noch einmal – und nochmals Hoch!'"

Das Regensburger Sängerfest von 1847, bei dem Kunz wie schon zuvor bei den Sängerfesten in Freising (1845) und Landshut (1846) der leitende Festdirigent gewesen ist, kann freilich auch als Paradebeispiel dafür dienen, welche hochpolitische Angelegenheit derartige Veranstaltungen im damaligen Bayern, dem Bayern der Restauration, wenn man so will, gewesen sind. Damit es überhaupt stattfinden durfte, mussten strenge Auflagen der Polizei erfüllt werden – Auflagen, die sich nicht etwa auf organisatorischen Fragen oder die Sicherheit der Besucher bezogen, sondern darauf, was während des drei Tage währenden Festes gesungen wurde. Der eigentliche Hintergrund dafür war nicht zuletzt das problematische Verhältnis, welches König Ludwig I. zur Verfassung und der Position, die sie ihm im Staate zuwies, hatte. Spätestens seit die liberale Mehrheit des Landtages von 1831 eine Zensurverordnung Ludwigs kassiert und seine Ausgaben für Kultur deutlich gekürzt hatte, fühlte er sich in seinem Selbstverständnis als Monarch erheblich beschnitten. Gottesgnadentum, monarchisches Prinzip, Patrimonialstaat – das waren zu diesem Zeitpunkt längst die Leitmotive seiner

Politik geworden. Ludwig war fest davon überzeugt, dass mit einer Volksvertretung wie dem Landtag, mit dem er sich nicht mehr aussöhnte, mit Pressefreiheit und politischen Parteien, kurzum mit allem, was die neue Zeit so mit sich gebracht hatte, nicht nur seine Stellung unterminiert würde, sondern auch sein Staat letztlich zugrunde gehen musste.

Eine beständig größer werdende, liberale Mehrheit der Bayern, darunter sehr viele, die sich in den landauf, landab beliebten Gesangsvereinen und Sängerbünden organisiert hatten, sah das allerdings genau anders herum. Wohl nicht umsonst kam es deshalb im Mai 1832 an der sogenannten „Konstitutionssäule" im Schlosspark von Gaibach zu einer denkwürdigen Versammlung ähnlich dem freiheitlichen „Hambacher Fest", wenn freilich auch in deutlich kleinerem Rahmen. Organisiert hatte sie der Arzt und Publizist Gottfried Eisenmann. Hauptredner war der Würzburger Staatsrechtler Wilhelm Josef Behr, der prompt eine Liberalisierung der Verfassung forderte. Ihm ging es in seiner Rede vor allem darum, dass die Verfassung zukünftig nicht mehr nur ein Zugeständnis des Monarchen sein sollte, eine Art Gnadenerweis also, den Ludwig freundlicherweise gewährte, sondern durch eine wirkliche Vereinbarung zwischen dem König und seinem Volk ersetzt würde — etwas, dass natürlich auch die Sänger zu Regensburg viele Jahre später unterschrieben hätten.

Es ging ihnen darüber hinaus aber auch um das andere große Thema jener Zeit, um eine geeinte deutsche Nation nämlich. Die sogenannten „Vaterlandslieder" spielten deshalb auf dem Sängerfest in Regensburg ebenfalls eine große Rolle. Das berühmteste dieser Lieder, Ernst Moritz Arndts „Des Deutschen Vaterland", kurz vor der Völkerschlacht bei Leipzig 1813 gedichtet und von Gustav Reichardt 1825 mit einer neuen Melodie versehen, durfte da natürlich nicht fehlen. „Was ist des Deutschen Vaterland? Ist's Bayernland, ist's Steyrerland? Gewiss es ist das Österreich, an Siegen und an Ehren reich? O nein, o nein! Sein Vaterland muss größer sein!", heißt es beispielsweise darin. Und schließlich zum krönenden Abschluss hin: „Was ist des Deutschen Vaterland? So nenne endlich mir das Land! So weit die Deutsche Zunge klingt und Gott im Himmel Lieder singt, das soll es sein! Das wackrer Deutscher nenne Dein!"

In der späteren Bayernhymne, in dem kleinen Lied von Michael Öchsner und Konrad Max Kunz, wird das genauso seinen Niederschlag finden wie die Probleme, die Ludwigs Sohn Maximilian als König (hier seinem Vater nun wirklich ähnlich) sein ganzes Leben lang mit der Verfassung haben sollte. Mehr noch: Die Bayernhymne reagiert mit der heute nicht mehr gesungenen sogenannten „Königsstrophe" auf die vielfältigen Bestrebungen König Maximilians, die einmal erkämpften Bürger- und Freiheitsrechte sich nicht auch noch weiter entwickeln zu lassen. Genau damit aber wird sie zur nun wirklich hochpolitischen Angelegenheit. Sie besingt eben nicht einfach nur Land und Leute, sondern ist allein schon wegen ihres Ursprungs in der freiheitlich orientierten Chorbewegung ein deutliches Bekenntnis zu Freiheit, Demokratie und Verfassungsstaat. Und sie stammt aus einer Zeit, in der sich schließlich ein „bayerisches Nationalgefühl" entwickelte, jene ganz besondere Eigenart, in der Tradition und Bodenständigkeit mit einer gewissen Leichtigkeit des Seins und der viel beschworenen „Liberalitas Bavariae" aufeinander treffen. In ihr kommt daher vieles zusammen, für das nicht zuletzt Männer wie Konrad Max Kunz und Michael Öchsner standen – von der hehren Kunst über die große Politik bis hin zur Kultur der kleinen Leute.

Sie sehen also: Die Bayernhymne – das ist schon was! Sie

spielt nun wirklich eine nicht ganz unbedeutende Rolle im öffentlichen Leben des Freistaats und hat ihrer Herkunft und Entstehungsgeschichte wegen etwas mit bayerischem Selbstverständnis, um nicht zu sagen: bayerischer Identität zu tun. Sie ist tatsächlich ein bayerisch-nationales Symbol und als solches einzigartig in der Bundesrepublik. Es gibt schlicht nichts Vergleichbares. Kein anderes Bundesland kann eine eigene Hymne sein eigen nennen, die auch nur ansatzweise beanspruchen könnte, diese symbolische Bedeutung zu haben, und die trotz aller zeitbedingter Abstriche derart im Staat und in seinen Staatsbürgern verwurzelt ist. Zwar finden sich Regional- und Landeshymnen zuhauf, wird zwischen Stuttgart und Flensburg, zwischen Aachen und Frankfurt/Oder die Heimat in unzähligen Varianten besungen, doch fehlt all diesen Liedern letztlich die Sonderstellung und die Popularität der Bayernhymne. Das viel zitierte „Lied der Niedersachsen" (Sie wissen schon: „Wir sind die Niedersachsen, sturmfest und erdverwachsen...") oder auch das Hessenlied, um nur mal zwei Beispiele zu nennen, haben es nie so weit gebracht. In Sachsen, dem anderen „Freistaat", waren mehr als 70 Prozent der Bevölkerung gleich von vorn herein gegen ein eigenes Landeslied, wie eine Umfrage ergab.

Kein Wunder also, dass Bayern regelmäßig um diese seine Hymne beneidet wird und alle Nicht-Bayern einigermaßen erstaunt auf das Phänomen „Bayernhymne" blicken – gerade so, als käme sie tatsächlich vom Mond. In einem amüsanten Feature des „Deutschland Radios" aus dem Jahr 2004 wird das besonders schön deutlich. Unter der Überschrift „Gemäß öffentlicher Bekanntmachung – der Bayer und seine Hymne" dringen die Macher da in bislang für sie völlig unbekannte Welten vor. So erfahren wir beispielsweise gleich zu Beginn: „Die Bayernhymne ist in G-Dur geschrieben und kann einen kernigen Stammesangehörigen in eine Zwangslage bringen – wenn sie gespielt wird, bei bestimmten Terminen. Ein hiesiger Reporter berichtete uns im nachdenklichen Ton, er überlege immer, ob er mitsingen oder als Berichterstatter schweigend zuhören solle. ‚Ich bin ja im offiziellen Auftrag da, aber ich bin ja auch Bayer!‘, brachte er seine Zerrissenheit auf den Punkt.“ Eben, er ist ja schließlich auch Bayer und als solcher offensichtlich etwas grundsätzlich anderes, als beispielsweise ein Niedersachse oder ein Nordrhein-Westfale oder was auch immer für ein Landsmann.

Der Historiker Friedrich Prinz greift diese Besonderheit in seiner „Geschichte Bayerns“ auf. Er schreibt: „Bayern ist innerhalb der Bundesrepublik das Land mit dem stärksten Eigencharakter: ein ‚Freistaat‘ und seit langem ein Vorkämpfer des Föderalismus in Deutschland.“ Einige Seiten weiter entdeckt er ein „bis heute lebendiges Sonderbewusstsein des Bayernvolkes“ und außerdem, „dass viele Bayern fast selbstgenügsam an ihrem Land hängen“. Ist es also womöglich so, dass der Bayer ein grundlegend anderes Verhältnis zu seinem Heimatland hat, als, sagen wir einfach mal, der Rest der „deutschen Bruderstämme“? Gibt es gar eine besondere „Civitas Bavariae“, die über die Zufälligkeiten von Geburts- oder Wohnort hinaus geht? Und wäre dann nicht die Bayernhymne (neben ihrem demokratischen und freiheitsrechtlichen Verständnis) deren sinnfälligster Ausdruck? Es tut also dringend Not, sich näher mit ihr und ihrer Entstehungsgeschichte zu beschäftigen – ganz egal ob nun auf der Erde oder auf dem Mond.

Von „Schwanendorf" nach Amberg

Die neue Zeit begann in Schwandorf 1796, und wie nicht anders zu erwarten, kam sie im Gleichschritt und in Stiefeln. „Im Frühjahre 1796 rückte ein Theil der kaiserlichen Armee von Böhmen her durch Schwandorf an den Rhein zum Kampfe gegen die französische Revolution, die mit ihrer gewaltsamen Überstürzung allen rechtlichen Bestand voriger Jahrhunderte gefährdete", schrieb der Chronist Joseph Pesserl im Abstand von rund 70 Jahren und in erstaunlich reaktionärer Offenheit über den damaligen Durchmarsch österreichischer Truppen durch seine Heimatstadt.

Es war wieder einmal Krieg in Europa, der „Erste Koalitionskrieg", um genau zu sein. Seit 1792 suchte das revolutionäre Frankreich darin die Konfrontation mit den alten Mächten des Kontinents, während diese wiederum alles daran setzten, sich den neuen Ideen von Freiheit, Gleichheit und Brüderlichkeit, die da über den Rhein zu schwappen drohten, entgegen zu stemmen und sich der illusorischen Hoffnung hingaben, die Revolution samt ihrer Folgen rückgängig machen zu können. Angeführt von den beiden Großmächten Österreich und Preußen formierte sich zusammen mit Großbritannien, Spanien, den Niederlanden, dem Königreich Neapel sowie dem Königreich Piemont-Sardinien jene erste Koalition gegen Frankreich, die der mehrjährigen Auseinandersetzung schließlich ihren Namen geben sollte. Ein junger, bis dahin weitgehend unbekannter General namens Napoleon Bonaparte hat sich in diesem Krieg auf den Schlachtfeldern in Oberitalien einen Namen gemacht und den Grundstein für seinen Aufstieg zum Kaiser der Franzosen gelegt – mit nun wirklich weit reichenden Folgen für Europa und nicht zuletzt auch für Bayern.

Gut zwei Jahrzehnte und einen Krieg später sollte Bayern dann ja tatsächlich kaum wiederzuerkennen sein. Aus dem Feudalstaat alter Prägung war unter dem Einfluss Napoleons ein Verfassungsstaat geworden, aus dem Kurfürstentum ein Königreich, dessen Monarch nicht mehr durch Gottes Gnade und aus sich selbst heraus herrschte, sondern auf der Grundlage einer Verfassung, die seine Position an der Spitze des Staates erst definierte und seinen Untertanen bis dahin nicht gekannte Rechte einräumte. Anselm Feuerbach schwärmte nicht umsonst, welche übergroße Freude es nun sei, Bayern anzugehören. Denn: „Man sollte nicht glauben, was ein großes Königswort, unserer Verfassung, in kurzer Zeit für Dinge tun kann." Ein „Königswort" war diese Verfassung ja tatsächlich. Der neue König Maximilian I. Joseph hatte sie und die in ihr niedergelegten Freiheits- und Gleichheitsrechte samt einer Volksvertretung seinen Untertanen gewährt. Das neue, das moderne Bayern war entstanden, nachhaltig geprägt vom Geist der Aufklärung und den geistigen Nachwehen der Französischen Revolution.

Für unsere kleine Geschichte der Bayernhymne ist diese Entwicklung natürlich nicht ganz unbedeutend. Ein feudales Kurfürstentum, das Bayern war, braucht schließlich keine Hymne als identifikationsstiftendes, nationalstaatliches Symbol. Bei einem modernen Verfassungs- und Nationalstaat, der Bayern wurde, sieht das hingegen schon ganz anderes aus, erst recht, wenn dieser neue Staat infolge der Säkularisation und der Mediatisierung von 1803 ganz unterschiedliche Landstriche integrieren und sich im Konzert der anderen deutschen Staaten behaupten muss. Nicht umsonst wird König Maximilian II. zur Mitte des 19.

Jahrhunderts hin nach einer Hymne suchen lassen, nach einem „bayerischen Nationallied, in welchem die alten und neuen Lande Bayerns sich spiegeln". Dass die Bayernhymne, wie wir sie heute kennen, mit dieser Suche nichts zu tun hatte, weil ihr Textdichter dem König nicht vermittelbar gewesen wäre, soll hier schon mal angedeutet werden. Dass Maximilian II. mit der Maßgabe, außer Gott auch noch die Verfassung über sich zu haben, nie so richtig einverstanden war, wird dann allerdings im Lied von Öchsner und Kunz seinen Niederschlag finden.

Von all' dem ahnten die Schwandorfer im Frühling 1796 freilich noch nichts. Im Gegenteil: Sie schienen sich sogar ziemlich sicher gewesen zu sein, dass alles so bleiben würde, wie es immer schon war. Pesserl, damals zwar noch nicht geboren, sich dafür aber zweifelsfrei auf Zeitzeugenberichte stützend, sprühte denn auch nachgerade vor Optimismus in seiner historischen Darstellung des Ereignisses: „Bei dem Anblicke der imposanten Machtentfaltung auf Seite der verbündeten Deutschen sah man dem Siege ihrer gerechten Sache auch in Schwandorf fast mit Gewissheit entgegen."

Um so erstaunter dürften die Zeitgenossen gewesen sein, als sich bereits wenige Wochen später die Österreicher wieder auf dem Rückzug befanden. Schnell verbreitete sich die Kunde, dass der französische General Jean-Baptiste Jourdan, der zwei Jahre zuvor durch seinen Sieg bei Fleurus die österreichischen Niederlande erobert hatte, mit seiner „Sambre-Maas-Armee" in Richtung Oberpfalz marschierte und die Österreicher vor sich her trieb. „Schon um Mitte August rückten österreichische Kolonnen in dichten Massen in und um Schwandorf ein und ließen durch die Stellung, welche sie am linken Naabufer nahmen, deutlich die Absicht erkennen, den anrückenden Feind hier zu erwarten", skizzierte Pesserl die Lage.

Schwandorf, am Ostufer der mittleren Naab gelegen, inmitten einer ausgedehnten Niederung, in der zwei Inseln den Fluss in mehrere Arme zerteilen, der ideale Siedlungsplatz seit Menschengedenken, weshalb der Ort auch älter sein dürfte, als es jene erste urkundliche Erwähnung um das Jahr 1006 herum vermuten lässt, ist zu diesem Zeitpunkt ein beschauliches Städtchen mit knapp 1300 Einwohnern und noch ganz geprägt von seiner spätmittelalterlichen Struktur. Enge Gassen, Stadttore und die Reste der alten Befestigungsanlagen samt einem Turm, von dem noch zu reden sein wird, geben dem Stadtbild Kontur. „Schwandorf, eine feine Stadt im Bistum Regensburg und Pfarrei Schwandorf und dessen Pflegamt an der Naab, worüber eine Brücke geht, liegt an einer sehr angenehmen Gegend“, schreibt Anton Freiherr von Freisach in seiner 1779 erschienenen „Beschreibung des Herzogtums Neuburg“ (die Stadt war 1506 als Folge des „Landshuter Erbfolgekrieges an das neue Kurfürstentum Pfalz-Neuburg gefallen) und fährt fort: „Die Landstraße nach der oberen Pfalz und Böhmen geht hier durch und hat eine Haupt- und Grenzmaut zwischen Pfalz-Neuburg und der Oberpfalz.“

Odilo Schreger, in Schwandorf zur Welt gekommen, Benediktinermönch im nicht weit davon entfernten Kloster Ensdorf und durch seine Ratgeber und Erbauungsbücher einer der populärsten Schriftsteller des 18. Jahrhunderts, ein früher Bestsellerautor, wenn man so will, gerät über seine Heimatstadt richtiggehend ins Schwärmen. Aus ihr „seien wie aus einem trojanischen Pferd hervorgegangen, so viele Pfarrer, Dekane, Quardiane und Provinzialen, so viele Priore und Aebte, so viele Professoren und Rektoren Magnifizi, die alle sowohl in Wort als in Schrift den Erdkreis durch das Licht des Unterrichts und der Wissenschaft erleuchtet haben“. Ein anderer viel gelesener Schriftsteller seiner Zeit, ein gewisser Goethe, beschreibt die Stadt hingegen schon nüchterner. Dass heißt, eigentlich nimmt er gar keine Notiz von ihr, als er sie im Spätsommer 1786 auf dem Weg nach Italien passiert. In seiner „Italienischen Reise" notiert er lediglich: „Da es anfing, Tag zu werden, befand ich mich zwischen Schwanendorf und Regenstauf, und nun bemerkte ich die Veränderung des Ackerbodens ins Bessere. Es war nicht mehr Verwitterung des Gebirgs, sondern aufgeschwemmtes, gemischtes Erdreich."

Dieses „Schwanendorf" an der Naab war nun also zur Frontstadt geworden. Diesseits und jenseits des Flusses bezogen österreichische und französische Truppen Position. Am 20. August begann die Kanonande über die Hausdächer hinweg. Fünf Tage lang tobten die Kämpfe, beschoss man sich gegenseitig, ohne dass dabei die Stadt allerdings tatsächlich in Mitleidenschaft gezogen worden wäre. Während das nicht weit entfernte Nabburg wenige Tage zuvor unter gewaltigen Bränden infolge der auch hier tobenden Scharmützel litt, blieb Schwandorf weitgehend verschont. Lediglich eine einzige Tote musste beklagt werden.

Noch einmal Glück gehabt, mögen sich die Schwandorfer da gedacht haben, von denen sich viele in den umliegenden Wäldern versteckt hatten und die nun zurück kehrten. Oder sollte es nicht Glück gewesen sein, das die Stadt vor Schlimmeren bewahrte, sondern vielmehr der Schutz „Unserer Lieben Frau vom Kreuzberg", die sie oben auf jenem Hügel vor den Toren, der einst als Galgenberg gedient hatte und wo nun eine Kirche steht, verehrt haben? Zwei Monate nach den Kämpfen zogen die Schwandorfer jedenfalls den Berg hinauf. „Sonntag 16. Oktober 1796 veranstaltete die Stadt- und Pfarrgemeinde Schwandorf eine feierliche Prozession auf den Kreuzberg, um bei einem solennen Hochamte mit Festpredigt den Gefühlen des Dankes gegen Gott für den auf Fürbitte der Gnadenmutter Maria so sichtbar gewährten Schutz öffentlichen Ausdruck zu geben", weiß der Chronist Pesserl zu berichten.

Gut möglich, ja sogar sehr wahrscheinlich, dass damals auch Anna Barbara Metz mit dabei war. Sie ist die Tochter des angesehenen Schwandorfer Hufschmiedes Franz Josef Metz, einem wohlhabenden Mitglied des „Äußeren Rates" der Stadt. Barbara ist zu diesem Zeitpunkt zwar schon 26 Jahre alt, aber immer noch nicht unter der Haube. Vater Metz, der damals bereits mehr als 30 Jahre mit seiner Frau zusammen war, dürfte das nicht gefallen haben. Tatsächlich wird Barbara wenige Monate später, am 20. Juni 1797, den knapp acht Jahre jüngeren städtischen Türmer Johann Anton Hofmann heiraten und damit von der ledigen Hufschmiedstochter zur Türmersgattin werden.

Türmer – das war, obgleich städtischer Angestellte, auch gegen Ende des 18. Jahrhunderts noch immer ein wenig angesehenes, schlecht bezahltes Handwerk, das sich auf eigentümliche Weise zwischen Wachdienst und musikalischer Grundversorgung hin und her bewegte. Einerseits hatte der Türmer Ausschau nach herannahenden Feinden außerhalb sowie möglichen Bränden innerhalb der Stadtgrenzen zu halten (in der Regel von einem Turm aus, daher auch der Name) und dann umgehend mittels Signalinstrument, zunächst Horn oder Trompete, später die Glocke, Alarm zu schlagen. Andererseits war er vor allem in kleineren Städten so etwas wie der Universalmusiker schlechthin, ein Multiinstrumentalist, der Hochzeiten ebenso musikalisch umrahmte wie Beerdigungen, zum Tanz aufspielte, Prozessionen begleitete, sonntags die Orgel schlug, nach der Messe beim Frühschoppen für Stimmung sorgte und den Kindern unter der Woche Musikunterricht erteilte.

Domenicus Mettenleitner beschreibt 1867 in seiner „Musikgeschichte der Oberpfalz" die Pflichten eines gewissen Niclas Payerl, der 1604 Türmer in Hemau wurde. Demnach sollte der bei Umzügen, Hochzeiten und ähnlichem „mit Trumel, Pfeifen, Geigen und Blasen sich hören lassen". Reiter und Kutschen hatte er von seinem Turm aus, den er nur mit Erlaubnis des Bürgermeisters verlassen durfte, anzukündigen. „Bei Tag und Nacht soll er wegen Feuersgefahr fleißig aufmerken, und wenn sich solches ereignet, die große Glocke anschlagen. Bei Tag auf der Seite, wo das Feuer ist, die Fahne, bei Nacht die Laterne raushängen. Alle Monate soll er den Kamin reinigen und nicht zu viel Holz in die Küche legen."

Auch in Schwandorf waren die Pflichten des Türmers genau geregelt. In einer Bestallungsurkunde aus dem Jahr 1754 heißt es dazu etwa: „Soll er fleißig Obsicht haben, dass er die anhero in Gutschen und auf Pferden hereinlangende fremde Personen und in Kriegszeiten Soldaten unversäumblich anblasen und dadurch Anzeugung gibt, was Fremdes anher gelange." Offensichtlich lag dabei den Stadtvätern der Eindruck, den Besucher von ihrer Gemeinde mit nach Hause nahmen, mehr am Herzen, als die Entlohnung des Türmers, denn in besagter Urkunde ist ebenso geregelt, wie er sich in Sachen Trinkgeld gegenüber Fremden zu verhalten habe: „Doch mag er mit Discretion und nit mit Ungestümigkeit ein Trinkgeld nach Willkür der Fremden, nit aber aus einer Schuldigkeit verlangen."

Sie fragen sich jetzt vielleicht (und Sie tun das ganz zurecht), warum wir uns hier so ausgiebig mit einem doch längst verschwundenen Beruf beschäftigen. Ganz einfach: Türmersgattin Barbara war die Mutter von Konrad Max Kunz, und der wiederum hat seine ganze Kindheit in eben jenem Milieu und den dazugehörigen Lebensbedingungen verbracht. Er hat hier die Kultur der kleinen Leute kennen gelernt, ist aufgewachsen mit der Volksmusik und dem ländlichen Brauchtum jener Zeit. Man muss da kein Psychologiestudium absolviert haben, um zu folgern, dass ihn das entscheidend geprägt haben dürfte. Wenn er sich rund drei Jahrzehnte später als einer der ersten Musiker überhaupt intensiv mit Volksliedern und Volkstänzen aus seiner oberpfälzischen Heimat auseinandersetzt und sie als Notenmaterial herausgibt, werden darin die Schwandorfer Wurzeln wieder lebendig. Inwieweit diese Herkunft Einfluss auch auf den volksliedhaften Charakter der späteren Bayernhymne haben sollte, darüber lässt sich natürlich nur spekulieren. Ein schöner Gedanke ist es allemal.

Freilich war Türmer Hofmann nicht sein Vater. Der Mann starb im April 1807 und ließ seine Frau mit zwei Kindern (zwei weitere waren bereits gestorben) und dem Türmeramt zurück. Da traf es sich gut, dass der Türmergeselle Franz Michael Kunz nach einer Meisterstelle suchte. Er stammte aus Fuchsmühl und war in eine alteingesessene Türmersfamilie hinein geboren worden. Sein Handwerk hatte er ganz aus der Familientradition heraus von der Pike auf gelernt und sich die ersten Sporen als Geselle in Erbendorf verdient. Kunz erfüllte also alle formalen Voraussetzungen, die auch das Türmeramt in Schwandorf erforderte.

Für Barbara war er deshalb die ideale Partie. Die Frau steckte bis zu seiner Bewerbung (egal ob nun als Türmer oder Ehemann) nämlich in einem gewissen Dilemma. Zwar war die Schwandorfer Stelle an sie gefallen, um sie als Witwe nach dem Tode ihres Mannes finanziell abzusichern, ein damals durchaus übliches Verfahren, das gewissermaßen zum Standesrecht der Türmer gehörte, doch dürfte sie weder in der Lage gewesen sein, das Amt auszufüllen, noch wäre das für eine Frau zu jener Zeit tatsächlich denkbar gewesen.

Der Magistrat der Stadt hatte ihr deswegen eindeutige Auflagen gemacht und auch eine neuerliche „Eheligung“, wie es in dem entsprechenden Dokument heißt, vorgeschrieben. Konkret musste sie „sich zeitlich um ein der Musik kundiges Subjekt umsehen, und dies hier orts in Vorschlag zu bringen, das sich aber über seine Kenntnis und Fähigkeit sowohl als über sein untadlhaftes Betragen zu legitimieren hat“. Ihr blieb also keine große Wahl: Sie konnte zwar kurzfristig einen Türmer anstellen, doch mittelfristig musste sie einen solchen heiraten, wollte sie ihren Lebensunterhalt und den ihrer beiden Kinder sichern. Barbara entschied sich schließlich für Kunz.

Dazu bedurfte es allerdings zunächst erst einmal eines ordnungsgemäß durchgeführten Verwaltungsaktes, war der zukünftige Türmer doch nicht nur Ehemann, sondern eben auch städtischer Bediensteter. Am 9. Juni 1807 kam Kunz deshalb zusammen mit seinem Bruder, der als Türmer in Schnaittenbach tätig war, nach Schwandorf, um vor dem Magistrat der Stadt eine musikalische Arbeitsprobe abzulegen und – so darf man spekulieren – auch seine Zukünftige in Augenschein zu nehmen. Sodann musste er sich schriftlich um die Stelle bewerben. Außerdem hatte er Führungs- und Arbeitszeugnisse beizubringen, die Auskunft über seinen Leumund wie über seine bisherigen beruflichen Erfahrungen gaben. Und weil sich neuerdings in Schwandorf weltliche und kirchliche Verwaltung die Verantwortung für das Türmeramt teilten, war dann auch noch einer Stellungnahme der Pfarradministration nötig. Es dauerte darum bis zum 10. Oktober bis Kunz endlich seinen Bestallungsbrief in Händen halten konnte.

Es lohnt, sich das Dokument näher zu Gemüte zu

führen, ist darin doch en detail geregelt, welche Aufgaben der neue Türmer zu erfüllen hatte. „Die vorzüglichste Dienstes Verbindlichkeit des Thurners ist die Feuerwache", heißt es da etwa. Bemerkt er einen Brand, so muss er „mit dem Glöckchen anschlagen, es mag das Feuer auch noch so wenig gefährlich erscheinen". Und weiter:

„Außerdem liegt ihm ob, an Sonn-, Diens- und Donnerstag mittags 11 Uhr anzublasen, alle Tage aber früh halb vier Uhr, dann von Michaelis bis Ostern auch abends um 8 Uhr eine halbe Viertelstunde lang das Glöckchen zu ziehen. In Hinsicht der kirchlichen Verrichtungen ist er schuldig, neben einen Thurnergesellen und Lehrjungen alle Sonn- und Feiertage dem Amt und der Vesper, dieser auch an den Vorabenden, beizuwohnen, alle Samstage und Frauenfeste bei den Litaneien zu erscheinen, sich mit seinen Instrumenten nach den Anordnungen des Chorregenten zu fügen und überhaupt alles anzuwenden, was den Wert der Musik erheben kann. Es wird ihm nicht nur bewilligt, sondern vielmehr zur Pflicht gemacht, sich dem Unterricht der Jugend in der Musik zu unterziehen und hierin der guten, wohlmeinenden Absicht des Magistrats zu entsprechen, der daraus vorzüglich sich überzeugen wird, ob er seines Vertrauens würdig ist oder nicht."

Die Entlohnung für dieses umfangreiche Aufgabenprofil ist reichlich dürftig. 68 Gulden im Jahr soll Kunz erhalten, dazu 15 Viertel Korn und 16 Klafter Holz. Allerdings: „Zur besseren Substentation wird ihm das Recht eingeräumt, bei allen öffentlichen Hochzeiten wie auch in den Wirtshäusern vor jedem Fremden zu musizieren, und er kann in dieser Hinsicht auf den Schutz des Magistrats rechnen, wenn er in seinen Forderungen hierbei die Billigkeit nicht überschreitet. Ferners soll ihm für Abblasen der Hochzeiten von einem Bürger 45 Kreuzer, von einem Taglöhner oder Beisitzer 30

Kreuzer, für eine Kindtauf von einem Bürger 12 Kreuzer, von einem Taglöhner 6 Kreuzer gebühren. Außer diesem soll er wie bisher seine Gebühren bei Hochzeiten, Leichen, Jahrtagen beziehen, und es wird ihm gestattet, das neue Jahr in der Stadt anzublasen, wenn er damit einen Verdienst finden kann."

Der ganze Bestallungsbrief steht freilich unter dem Vorbehalt, dass Kunz auch tatsächlich mit „der verwittibten Thurnersgattin Barbara Hofmann" den Bund fürs Leben schließt. Am 8. November 1807 tun beide schließlich genau das. Fürs Leben? Zumindest was ihn angeht. Obwohl Franz Michael Kunz gleich um 13 Jahre jünger war, als seine Frau, starb auch er weit vor ihr am 17. August 1828. Damit hatte Barbara nun schon den zweiten Ehemann und Türmer überlebt. Einen dritten Versuch hat sie nach allem, was in Erfahrung zu bringen war, erst gar nicht unternommen.

Noch aber lebt dieser Kunz, noch wohnt das Paar im Neuturm, dem Rest der mittelalterlichen Stadtbefestigung, einem trutzigen, wehrhaften, wenig gemütlichen Bau ohne Tordurchfahrt, am höchsten Punkt der ehemaligen Befestigungsanlagen gelegen, der sowohl Arbeitsplatz wie Wohnraum des städtischen Türmers war. Es ist eng dort, zugig, und wer von einem Raum in den nächst höheren will, muss sich als kleiner Kletterkünstler bewähren. Heute gilt der Turm – zwischenzeitlich heißt er in Anlehnung an die Türmer „Blasturm" – als das Schwandorfer Wahrzeichen schlechthin.

Sogar in die Kunst hat es das Gemäuer geschafft. Als Carl Spitzweg nämlich im Juni 1860 auf einer seiner Reisen durch Schwandorf kommt, fertigt er eine Ölskizze mit dem schönen Titel „Schwandorfer Stadtturm im Mondschein", aus der er rund zehn Jahre später ein idyllisches, wenn auch etwas düsteres, romantisch verbrämtes Bild macht. Es ist ein für ihn geradezu typisches Sujet, ein Nachtbild, das ganz aus der Dunkelheit und dem mittelalterlichen Motiv heraus lebt. „Vor dem sternenbesäten Himmel ragt der alte Turm auf", beschreibt der Kunsthistoriker Jens Christian Jensen das Bild. „Bedrohlich ist er nicht, denn aus dem oberen Fenster glänzt Licht herab. Es wird vom Weiß einer kleinen Figur auf dem Weg aufgenommen, als gäbe es zwischen diesen beiden Lichtpunkten eine Blickbeziehung. Mondlicht erhellt den Weg, den mauerartigen Zaun, die Front des Turms."

Seinen Bruder lässt Spitzweg am 9. Juni 1860 in einem Brief wissen, dass er zum Glück Winterhosen mitgenommen habe, weil es ihm sonst schlecht ergangene wäre: „Wie angenehm es in so einem Nest wie zum Beispiel Schwandorf ist, zum Fenster hinaus zu schauen auf den Hauptplatz, den man in zwei Minuten ganz auswendig gelernt hat, oder gar mit dem Regenschirm durch die äußerst holprigen Straßen zu marschieren (beiläufig gesagt, sind die Oberpfälzer wegen eines nicht weniger als übertriebenen Reinlichkeitssinnes bekannt), kannst Du dir denken, und doch bleibt der hoffende Mensch in Schwandorf, geht wieder mit dem Regenschirm nach Hause ins Gasthaus und geht nach fünf Minuten gleich wieder aus, weil er meint, jetzt wird's doch ein wenig heller. Aber es ist nicht wahr gewesen, s'fängt erst recht wieder zum Gießen an, und der Mensch kommt endlich zu der Überzeugung, dass das Wetter nur in Schwandorf so schlecht sei, packt ein und fährt am zweiten Tag abends direkt nach Sulzbach. In Sulzbach schüttet's..."

Noch spannender als Spitzwegs Wetteraufzeichnungen ist freilich eine klitzekleine Notiz, die sich in seinem Verkaufsverzeichnis aus dem Jahr 1882 hinter der „Nr. 435", eben jenem Bild vom „Schwandorfer Stadtturm", in Klammern findet. „Kunz Geb. Ort" steht da nämlich. Ob

Spitzweg bereits bei seinem Schwandorf-Aufenthalt davon wusste, ist die Frage. Wahrscheinlicher ist, dass er erst nach seiner Rückkehr nach München erfahren hat (entweder von ihm selbst oder von seinem Bruder, der mit ihm befreundet war), dass Konrad Max Kunz dort geboren wurde. „Conrad Maximilian ist heute Nachmittag in der Mitte der zweiten Stunde geboren, ehelicher Sohn des Michael Kunz, Pfeiffer hier, und seiner Ehefrau Barbara, deren Vater Josef Metz, Schmied von hier; Pate: Conrad Forster, Fleischer hier", heißt es im Geburtsregister der Pfarrei Schwandorf unter dem Datum des 29. April 1812 dazu.

Es ist ein wichtiges Jahr für Europa, dieses 1812. Mit ihm beginnt der Anfang vom Ende Napoleons. An Russland beißt sich der große Feldherr die Zähne aus und erlebt seine erste schwere Niederlage. Mag Bayern vom Franzosenkaiser auch enorm profitiert haben, mag sein Einfluss auf das Land in weiten Teilen durchaus positiv gewesen sein, jetzt gilt es für die enge Verbindung mit ihm zu bezahlen: mehr als 30 000 bayerische Soldaten verlieren während des Russlandfeldzuges ihr Leben. Es dämmert eine neue Zeit herauf, in der Europa nach Napoleon neu geordnet werden und Bayern seinen Platz erst noch finden muss.

1812 vollendet Beethoven aber auch seine siebte Sinfonie, und wer etwas darüber erfahren möchte, wie weit sich die Musik und das Umfeld, in der sie entsteht, da schon verändert hatte, der lese einfach nach, was über diese Sinfonie nicht alles geschrieben wurde. Von einer „Apotheose des Tanzes selbst", schwärmte beispielsweise Richard Wagner in seinem Essay „Das Kunstwerk der Zukunft", „sie ist der Tanz nach seinem höchsten Wesen, die seligste That der in Tönen gleichsam idealisch verkörperten Leibesbewegung." Beethovens Musik hat einen grundlegend anderen Anspruch, als alle Musik vor ihr. Für den

Musikwissenschaftler Martin Geck ist deshalb klar, dass es wohl kaum einen Menschen gegeben hat, „der so stark und konzentriert wie Ludwig van Beethoven sein Werk als das schöpferisch Andere dem allgemeinen Sein gegenübergestellt hätte". Und weiter: „Bach und Mozart hatten sich bei aller Genialität noch ganz selbstverständlich vom breiten Strom der musikalischen Überlieferung tragen lassen; ihre Werke blieben bei aller Individualität tendenziell Ausformungen der primären Vorstellung von Musik als Lied und Tanz." Mit Beethoven aber kommt nun eine ganz neue Qualität ins Spiel, eine in gewissem Sinne philosophische, jedenfalls weit über das rein Musikalische hinaus weisende, so noch nicht da gewesene Dimension.

Auch der Musik- wie der Kulturbetrieb allgemein hatten bereits grundlegende Veränderungen erfahren. Längst war im Gange, was Nipperdey die „Verbürgerlichung der ästhetischen Kultur" nennt. Vorbei jedenfalls die Zeiten, in denen vornehmlich Fürstenhöfe und Kirche Träger und Ermöglicher von Kunst jeglicher Art waren. „Die Kunst löst sich aus ihrer Einbindung in Hof, ständische Welt und Kirche", bilanziert Nipperdey und fährt fort: „Sie wird einem nicht mehr ‚ständischen' Publikum, einer bürgerlichen Öffentlichkeit zugänglich, sie wird Sache der bürgerlich-gebildeten Welt, ja der Allgemeinheit. Und sie wird nicht mehr nebenbei konsumiert (Tafelmusik), sondern sie ist in sich selbst wesentlich."

Dafür brauchte es allerdings die geeigneten Institutionen. Schon 1781 entsteht das Leipziger „Gewandhaus", 1808 die Museumsgesellschaft in Frankfurt, 1811 die „Musikalische Akademie" in München und ein Jahr später die berühmte Gesellschaft der Musikfreunde in Wien. Auch die bislang königlichen Theater öffnen sich, und es dauert nicht lange, bis die bürgerlichen Besucher alleine darüber entscheiden, was gespielt wird und was nicht. Es beginnt die große Zeit der Oper als Ausdruck bürgerlicher Selbstrepräsentation.

Der Musikbetrieb, den der kleine Konrad Max Kunz in seinen ersten Lebensjahren kennen lernt, könnte weiter von den hohen Ansprüchen, wie sie in den bürgerlichen Kreisen der Städte gepflegt werden, gar nicht entfernt sein. Buchstäblich Welten liegen zwischen der Gebrauchsmusik, mit der er es jeden Tag zu tun hat, die er aufsaugt und mit der er perfekt umzugehen lernt, und sagen wir einfach mal: Beethovens Siebter. Dass er sich Jahrzehnte später wie selbstverständlich in diesem bürgerlichen Kultur- und Musikbetrieb bewegen und aufsteigen wird, ist da jedenfalls noch nicht abzusehen.

Kunz wächst hinein in den Alltag einer Türmerfamilie, bekommt vom Vater den ersten Musikunterricht und begleitet ihn schon früh, wenn dieser seinem Handwerk in der Kirche, im Wirtshaus oder auf Festen nachgeht, um zusätzliche Einnahmen zu erzielen. Es ist eine prägende Zeit für Kunz, in die er 1848 eher nebenbei einen Einblick gewährte, als er „zwölf der schönsten alten Oberpfälzer Bauerntänze für Pianoforte", vulgo: „Zwiefache", in der Zeitschrift „Cäcilia" veröffentlicht und dazu in einer Art Vorwort schreibt:

„Während die neueste Zeit eine ungemein rührige Thätigkeit entwickelt hat in Sammlung und Herausgabe von Volksmelodien und Volksliedern aus aller Herren Länder, klingen seit alter Zeit im südlichen Deutschland die vorliegenden Tanzmelodien ebenso lustig und originell, als unbeachtet fort, wenig gekannt von den größeren Städten, wo sie längst der ‚Civilisation' weichen mussten, eine Unschicklichkeit für die Gebildeten in den Städtchen, und so hauptsächlich nur noch auf Dörfern eine Lust für die Bauern. Vor diesen, auf ihren Hochzeiten und

Kirchweihfesten, hat sie der Herausgeber oft als Knabe mitgegeigt, später als fideler Student auch mitgetanzt. Noten gab es keine für diese närrischen Dinger. Musikanten und Tänzer lernen sie eben durch Tradition. Die vorliegenden zwölf wurden in der Oberpfalz gesammelt. Die Art, sie zu tanzen, ist toll genug. Walzen wechseln mit Drehen, und zwar bei jeder Melodie wieder anders, so dass es unmöglich ist mitzutanzen, wenn Tänzer und Tänzerinnen die Musik nicht genau inne haben. Das Tempo wird rasch genommen. Gewöhnlich spielt man eine Melodie fünf- bis sechsmal nacheinander. Wollen die Tänzer eine andere, so pfeift oder singt einer den Anfang des gewünschten Tanzes. Viele dieser Melodien haben nämlich auch Texte, welche sich jedoch wenig für den Druck eignen. Ich glaube, die Frische, Keckheit, Mannigfaltigkeit und Originalität dieser Melodien und Rhythmen wird deren Einführung in die musikalische Welt hinlänglich rechtfertigen und ihnen – wenn sie richtig gespielt werden, was nicht jedem, wenn auch gutem Musiker gleich auf das erste Mal gelingen dürfte – auch anderwärts das Interesse und den Beifall zuwenden, welchen sie bereits in engerem Kreise bei Künstlern wie Dilettanten gefunden hat."

Mal abgesehen davon, dass es tief blicken lässt und von Kunzens Sinn für Humor zeugt, wenn er die stürmischen Tänze und Melodien seiner oberpfälzischen Heimat im Grunde genommen als „vorzivilisatorisch" bezeichnet, beschreibt er in dem kleinen Text jedoch auch, wie seine musikalische Erstausbildung ausgesehen haben mag. „Learning by doing" dürfte da nämlich die Devise gewesen sein. Er spielte zweifelsfrei Geige und Orgel (das einzige wohl für ihn erreichbare Tasteninstrument; den Unterricht beim Organisten dürfte Großvater Metz finanziert haben) und auch mindestens eines der damals in diesem Umfeld gängigen Blasinstrumente, wahrscheinlich Trompete. Gehör ging dabei vor Notenlesen, ein flottes, effektvolles Spiel vor einer sauberen Intonation. Feinheiten waren nicht gefragt, man hatte Eindruck zu machen und zu unterhalten. Überhaupt war es nicht die Welt des Schöngeistigen und Anspruchsvollen, eher schon die der Besoffenen und Streitsuchenden. Um hier bestehen zu können, musste man bedingungslos Gefallen und ein dickes Fell haben. Man musste sich aber auch durchsetzen können, durfte darüber hinaus nicht zimperlich sein. Es brauchte, was man heute auf Neudeutsch ein „Standing" nennt, Selbstbewusstsein und Durchhaltevermögen.

Ein anderer oberpfälzer Türmersohn, der in Kaltenbrunn bei Grafenwöhr 1869 geborene Josef Hösl, hat in seinen Memoiren für dieses Milieu wohl nicht umsonst den schönen Ausdruck „Musikerproletariat" gefunden. Hösl sollte zunächst wie der Vater Türmer werden und erhielt ähnlich wie Kunz von ihm auch den ersten Musikunterricht. Ebenfalls wie Kunz musste er schon als kleiner Bub in den Wirtshäusern und den Festen der Region aufspielen, um das spärliche Einkommen der Familie aufzubessern. Doch der Junge merkt bald, dass es da noch mehr gibt, als diese Art von Musik und musikalischer Betätigung. In einem diletterenden Streichquartett, bei dem der begabte Geiger ab und an aushilft, kommt er in Kontakt mit der großen Quartett-Literatur der europäischen Kunstmusik. Sein Weg ist von da an vorgezeichnet: Hösl wird nicht Türmer, sondern einer der bedeutendsten Geiger seiner Zeit. Als Mentor Max Regers, der dessen grandioses Violinkonzert uraufführen sollte, ist er schließlich in die Musikgeschichte eingegangen.

Konrad Max Kunz hat ein halbes Jahrhundert vor ihm einen ähnlichen Weg beschritten. Auch er sollte wohl zunächst Türmer werden, doch müssen die Eltern alsbald erkannt haben, dass er nicht allein über musikalisches Talent verfügte, sondern auch einiges an intellektuellen Fähigkeiten mitbrachte, die ihn zum Beispiel für den Priesterberuf prädestiniert hätten. Es ist ein geradezu klassischer Fall: Der aus einfachen, wenn auch nicht unbedingt wie oft behauptet wurde ärmlichen Verhältnissen stammende Kunz hat im Grunde nur dann die Chance auf eine höhere Bildung, wenn er eine kirchliche Laufbahn einzuschlagen gewillt ist. Vielleicht hat er das ja auch ursprünglich wirklich gewollt, als er in Amberg zunächst das Gymnasium besuchte und dann auf das Lyzeum, die philosophisch-theologische Hochschule der Stadt, wechselte. Das auf die Jesuiten zurückgehende Lyzeum befand sich einst durchaus auf Augenhöhe mit dem Münchner Institut. Gegen Endes des 18. Jahrhunderts genoss man jedenfalls einen ausgezeichneten Ruf und unterrichtete pro Jahr rund 100 Studenten. Als Kunz 1829 an das Lyzeum in Amberg kam, befand es sich freilich schon im Niedergang. Die Säkularisation hatte ihre Wirkung nicht verfehlt. 1824 wäre um ein Haar die theologische Sektion geschlossen worden, doch ließ sich König Ludwig I. von den ursprünglichen Plänen seines Vaters abbringen; die Sektion bestand weiter.

Kunz hat hier die Grundlagen des Theologen-Handwerks vermittelt bekommen. Er vertiefte seine Kenntnisse in Latein und Altgriechisch, lernte Hebräisch (was ihm später tatsächlich noch von Nutzen sein sollte) und wurde bibelfest gemacht. Die Musik scheint ihn freilich dabei nicht losgelassen zu haben. Sowohl in der „Malteserkirche", als auch in „Sankt Martin", der Amberger Hauptkirche, tritt der 17-Jährige bereits 1829 regelmäßig als geschätzter Organist in Erscheinung. Er unterrichte schon am Gymnasium diverse Instrumente, leitete ein Schulorchester und schrieb eine kleine Komposition für das Stadttheater, die auch prompt aufgeführt wurde. Auch im Seminar des Lyzeums, in dem die Studenten wohnten, wurde die Musikpflege groß geschrieben, und Kunz wirkte daran selbstverständlich sowohl im Chor als auch als Instrumentalist mit.

Ebenfalls 1829, im Dezember, um genau zu sein, kam Johann Evangelist Deischer, der einige Jahre später als Domkapellmeister die Renaissance der Regensburger Kirchenmusik einleiten sollte, als Seminar- bzw. Musik-Präfekt nach Amberg. Deischer, zehn Jahre älter als Kunz und wie er in Schwandorf geboren, hatte ausgerechnet vom Stadttürmer Johann Anton Hofmann, dem verstorbenen ersten Mann der Mutter von Kunz, seinen ersten Musikunterricht erhalten. Neben dem Theologiestudium verfeinerte er seine Musikkenntnisse und entwickelte sich insbesondere zu einem äußerst begabten Musikpädagogen. Domenicus Mettenleitner schreibt dazu: „Ein Schüler des berühmten Violinisten Roth zu Regensburg, wusste er dieses Instrument nicht nur selbst mit seltener Fertigkeit und feinem Geschmacke zu behandeln, sondern hatte dazu noch die besondere Gabe, befähigte Schüler in dieser Kunst mit bestem Erfolg zu unterrichten." Der von Mettenlettner erwähnte Vinzenz Roth war immerhin einst Konzertmeister der fürstlichen Hofkapelle derer von „Thurn & Taxis" und galt als einer der besten Geiger im süddeutschen Raum.

Der „Jahresbericht über das königliche Studienseminar Amberg im Jahre 1830/31" gibt einen guten Einblick in die Arbeit von Deischer sowie in das musikalische Spannungsfeld, in dem sich sinnigerweise später auch Kunz bewegen sollte: „Ausgezeichnete Fortschritte machten die meisten Zöglinge in der Musik, wovon dieselben an jedem Sonn- und Feiertage unter der umsichtigen und unermüdeten Leitung des ausgezeichneten Violinspielers,

Musik-Präfekts Deischer, die gelungensten Proben ablegten. In der Studienkirche selbst wurden an Festtagen die großen Messen eines Haydn, Eybler, Hummel, Seyfried, Preindl, Franz Schneider u. m. a. mit der größten Präzision aufgeführt, so auch am Maifeste und bei der Preiseverteilung Melodrame und Ouvertüren aus Oberon, Präziosa, Freischütz, Stumme von Porticci etc. und mehrere Violin-Konzerte durch die vom obigen Musik-Präfekten Deischer herausgebildeten Zöglinge."

Kunz hatte zu Deischer aller Wahrscheinlichkeit nach schon ihrer beiden Herkunft wegen eine enge Verbindung. Darüber hinaus dürfte der Ältere auch die musikalische Begabung seines Zöglings, die weit ausgeprägter war, als mitunter der Fleiß, den er in Schule und Studium an den Tag legte, erkannt und entsprechend gefördert haben. Deischer war für den jungen Kunz der nach seinem Vater zweifelsfrei wichtigste Lehrmeister in Sachen Musik, einer, der die vorhandenen Grundlagen zudem weiter entwickeln und verfeinern konnte. Man sollte alleine deswegen den Einfluss Deischers auf ihn nicht unterschätzen. Der Student Kunz war darum also gleich in mehrfacher Hinsicht gut vorbereitet, als er sich 1832 schließlich entschloss, die Oberpfalz zu verlassen und nach München zu gehen.

Mittendrin im neuen Bayern

Am 3. Dezember 1870 schreibt ein „allerunterthänigster, treugehorsamster Konrad Max Kunz, Chordirigent am Königlichen Hof- und Nationaltheater" in München einen langen Brief an König Ludwig II. und bittet ihn darin um eine Gehaltserhöhung von jährlich 100 Gulden. Angesichts der enormen Summen, die der Monarch über viele Jahre hinweg in Richard Wagner investierte (und die der umgehend mit vollen Händen wieder ausgab), ist die Forderung geradezu bescheiden. Aber Kunz ist eben auch nicht Wagner, und so schildert er, wohl um seiner Bitte nach mehr Geld den nötigen Nachruck zu verleihen, Ludwig erst einmal seine berufliche Entwicklung am Theater, die unter des Königs Großvater Ludwig I. hoffnungsvoll begann, unter seinem Vater Maximilian II. stecken blieb und nun – das weiß er allerdings noch nicht – kurz vor ihrem Ende steht. Es ist so etwas wie die Quintessenz seines Lebens, die Kunz da niedergeschrieben hat, mindestens aber der Versuch, Ludwig II. zu vermitteln, mit wem er es hier in der Gestalt seines unterbezahlten Chordirektors eigentlich zu tun hat:

„Seit vollen 25 Jahren wirke ich am königlichen Hof- und Nationaltheater als Chordirigent. Die königliche Intendanz – damals Baron Frays – hatte mich an diese Stelle ohne mein Nachsuchen berufen. Unter mehreren meiner Kompositionen hatte nämlich ein Hymnus an ‚Odin', ein zweiter an ‚Hertha' (1840 und 1843) Aufsehen erregt, desgleichen meine Gabe in Einübung und Leitung von Chören. Baron Frays machte mir Hoffnung auf Erhöhung des Gehalts und wahrscheinliches Vorrücken in eine höhere dienstliche Stellung. Die öffentliche Meinung bezeichnete seit dieser Zeit (1845) den Münchner Opern-Chor als einen der besten, häufig auch als den besten gegenüber den Opernchören in Wien, Berlin, Paris, London. Auch Richard Wagner und Hans von Bülow haben dieselbe Meinung geäußert. Es war der Ernst in meinem ganzen Tun als Komponist und Dirigent, welcher meinen Chören und Gesängen Bahn gebrochen hat, bis den Deutschen daheim, in der Schweiz, in England, Frankreich, Amerika; bis nach Australien sind sie gewandert, trotzdem, dass sie falscher Sentimentalität und Effekthascherei aus dem Wege gehen. So nun fand mein Ehrgeiz alle Anerkennung, die er sich mir wünschen mochte. Eine Reihe von hervorragenden Männern im Staatsdienst, in der Wissenschaft, in der Kunst würdigten mich ihrer Freundschaft. Viele von ihnen schenkten mir das herzerquickende Du. An Ehrendiplomen der ersten deutschen Gesangsvereine fehlte es ebenfalls nicht. Die Hoffnung aber auf Vorrücken in eine höhere Stellung wollte sich nicht verwirklichen." (Der komplette Brief ist übrigens im Anhang dieses Buches abgedruckt!)

Es war die Empfehlung des genialen Hofkapellmeisters Franz Lachner, der Kunz seine Anstellung zu verdanken hatte. Intendant August Freiherr von Frays, ein ehemaliger Gendarmeriemajor (Offiziere bekleideten mit schöner Regelmäßigkeit Intendanten-Posten, worüber Wagner schließlich in einem berühmten Tagebuch-Eintrag genüsslich spottete: „Deutscher Adel. Vortrefflich als Lieutenant im Felde, nur schrecklich als Theaterintendant zu Hause."), der seit Februar 1844 das Theater führte, war dabei die ausführende Kraft, der Mann für den Verwaltungsakt sozusagen. Der Komponist und Musikkritiker Max Zenger, der den neuen Chordirektor noch persönlich kennen gelernt hatte, würdigt die Tat in seiner „Geschichte der Münchner

Oper" dennoch: „Nicht eine Personalveränderung, sondern eigentlich die Schaffung eines neuen Postens in der neuen Opernpflege war es, womit sich von Frays ein großes Verdienst und den Dank aller einsichtigen Opernfreunde erwarb, indem er im Jahre 1845 die bisher höchst eigentümlich besorgte Leitung des Chores einem gewiegten musikalischen Fachmann in der Person des später durch seine Männerchöre berühmt gewordenen Konrad Max Kunz übergab."

Tatsächlich muss der Zustand des Opernchores bis dahin eine mittlere Katastrophe gewesen sein. Intendant von Frays hielt in einer Notiz an den König fest: „Es haben sich Anstände bezüglich der Leitung des Opernchores ergeben; bisher hatte der Hofmusikus Steigenberger das Einstudieren der Chöre gegen ein Gehalt von 400 Gulden zu besorgen, der dieser Aufgabe nicht gewachsen ist. Außerdem ist der bisherige Leiter der Bühnenmusik, General-Militär-Musikdirektor Legrand, dem unterzeichneten Intendanten während seiner bisherigen Amtsführung noch nicht zu Gesicht gekommen. Für die beiden Funktionen wird der von Franz Lachner empfohlene Musiklehrer und Dirigent der Münchner Liedertafel, C. M. Kunz, für ein Probejahr in Vorschlag gebracht."

Für Kunz war diese Berufung schlicht ein Glücksfall und das in Aussicht gestellte Jahresgehalt von zunächst 500 Gulden das erste sichere Einkommen für den damals 33-Jährigen. Dennoch wollte er den ihm von der königlichen Hoftheater-Intendanz vorgelegten Vertrag nicht so ohne weiteres unterschreiben. In einem Brief vom 19. Mai 1845, den er mit „Konrad Max Kunz, Musiklehrer, Thiereckgasse 2/3" unterzeichnete, forderte er selbstbewusst einige grundlegende Veränderungen an dem Vertragstext. Das Schreiben offenbart nicht nur, dass Kunz einige Jahre Jura studiert und dabei mit Vertragsrecht und -gestaltung zu tun hatte, sondern zeigt auch, dass er sich möglicher Fallstricke im Theaterbetrieb bewusst war. Dass er als zusätzliche, so im Entwurf nicht vorhandene Klausel einen Jahresurlaub von jeweils 14 Tagen „anregte", ist ein weiterer Beleg dafür, wie wenig Kunz sich dem Theater gegenüber als unterwürfiger Bittsteller empfand, der schlichtweg nur froh gewesen wäre, endlich eine feste Anstellung zu haben. Kunz wusste sehr genau, was er Wert war und kannte natürlich auch die Misere, in der das Theater mit seinem Chor steckte. Offensichtlich hatte er sich darüber hinaus auch von Anfang an Gedanken darüber gemacht, wie seine und die Arbeit des Chores neu organisiert werden könnte. Konkret:

„Entsprechend der am 16. diesen Monats an mich ergangenen Aufforderung gebe ich mir die Ehre zu erklären, dass ich die Anstellung als Chordirigent, welche mir einen erwünschten Wirkungskreis bietet, annehme, indem ich zugleich für das in mich gesetzte ehrenvolle Zutrauen mit der Versicherung strenger und getreuer Pflichterfüllung meinen Dank auszusprechen mir erlaube. Unter Bezugnahme auf die früheren mündlichen Unterhandlungen und nach reiflicher Überlegung nehme ich mir die Freiheit, eine königliche Hoftheater-Intendanz um einige Zusätze und Abänderungen des mitgeteilten Entwurfes eines Anstellungs-Contractes zu bitten, und erlaube mir meine desfallsigen Wünsche in möglichster Kürze vorzutragen:

Zu § 1: In Betreff des Gehaltes bitte ich um contractliche Zusicherung einer Erhöhung desselben um 200 Gulden, sobald diese Summe, welche der jetzige Dirigent der Militärmusiker auf oder hinter der Szene bezieht, der königlichen Hoftheaterkasse wieder anheim gefallen sein wird.

Zu § 2: Unter Bezugnahme auf nachfolgende Bemerkung

zum folgenden § 3 bitte ich, die Bestimmung: „und dem Regisseur was den szenischen…" zu streichen.

Zu § 3: a) den Satz: „Bei den Opernproben und Vorstellungen…" bitte ich auf folgende Weise zu stellen: „Bei Opernproben und Vorstellungen sowie bei den Schauspielen, in welchen der Chor mitzuwirken hat, hat der Chordirigent, solange der Chor musikalisch beschäftigt ist, immer gegenwärtig zu sein. b) Den ganzen Passus, welcher vom Erscheinen des Chores auf der Bühne, dessen Evolutionen und Gesten und von der Musterung der Anzüge desselben handelt, bitte ich – als in den Bereich der Wirksamkeit der Herren Regisseure, Inspizienten und Garderobiers oder Costumiers gehörig – zu streichen.

Zu § 7: bitte ich um den Zusatz, die königliche Hoftheater-Intendanz wolle, im dieselbe nach Verlauf eines Jahres sich nicht bewogen gefunden haben werde, diesen Contract aufzulösen, die Verlängerung desselben auf wenigstens neun weitere Jahre jetzt schon auszusprechen.

Als eine dem Contracte nachträglich beizufügende Klausel erlaube ich mir, einen vierzehntägigen jährlichen Urlaub in Anregung zu bringen.

In der Überzeugung, durch vorstehende Zusätze und Abänderungen nichts anzustreben, was den Interessen der Anstalt oder der Billigkeit zuwider liefe, bitte ich eine königliche Hoftheater-Intendanz um Genehmigung derselben mit dem Wunsche, dass sie kein Hindernis zur Realisierung dieses Contractes werden möchten, und verharre respektvollst."

Von einem Hindernis konnte natürlich keine Rede sein. Im Gegenteil: Kunz' Änderungswünsche fanden Eingang in den Vertragstext. Die einjährige Probezeit war unter den Tisch gefallen und statt zwei Wochen Urlaub wurden dem neuen Chordirektor sogar vier gewährt. Freilich braucht man sich über die Art der Stellung keinen Illusionen hinzugeben. Der schöne Titel besagte nicht viel. Kunz war in allen musikalischen Belangen dem jeweiligen Kapellmeister oder Orchesterdirektor untergeordnet. Statt künstlerisch-musikalischer Freiheit sollte ein mitunter reichlich kleinkarierter, hauptsächlich von organisatorischen Fragen geprägter Arbeitsalltag im Vordergrund stehen. Laut Paragraph drei des Anstellungsvertrages hatte „Herr Kunz alle Chöre in der ihm vorgeschriebenen Zeit im Einvernehmen mit den Regisseurs der Oper und des Schauspiels unter Beibehaltung der vom Operndirigenten vorgeschriebenen Tempi einzustudieren und hierzu in der Regel die Vormittags-, ausnahmsweise die Nachmittagsstunden zu verwenden, so zwar, dass bei der ersten Theaterprobe alle Chormitglieder ihrer Partien vollständig mächtig sind; mit später eintretenden oder durch Krankheit früher verhinderten Chormitgliedern muss derselbe nach Tunlichkeit die Chöre nachstudieren." Außerdem: „Er hat ferner die Pflicht, für die Bibliothek des Chors und ordnungsgemäße Erhaltung der Inventarien zu sorgen; er hat bei jeder Probe einige Minuten vor der bestimmten Zeit zu erscheinen, die Stimmen aufzulegen und alles bereit zu halten, dass die Probe pünktlich beginnen kann; er hat jede Stimme mit dem Namen des Sängers zu versehen, um beim Einsammeln nach der Probe jeden einzelnen für sein Exemplar haftbar machen zu können." Kein Wunder also, dass der hochbegabte und zudem auch noch selbstbewusste Chordirektor ein ganzes Berufsleben am Theater lang (letztlich vergebens) darauf hoffte, wenigstens einer der Kapellmeister des Hauses zu werden.

Kunz war 1832 von Amberg nach München gewechselt, um hier sein Theologiestudium fortzusetzen, und mitten hinein ins Herz des neuen Bayern gekommen – in eine weltoffene Stadt, die sich längst zur europäischen Kunstmetropole gewandelt hatte. König Ludwig I. versuchte bekanntlich mit Kunst Politik zu machen und darauf seinen Staat zu gründen. München war unter ihm zu einem Zentrum der Künstler und des Geistes geworden. Sein Haus- und Hofarchitekt Leo von Klenze schuf die dazu passende Architektur, gab der Stadt jenes an die griechische Antike anknüpfende, klassizistische Gesicht, das sie bis heute prägt. Auch den zukünftigen Arbeitsplatz von Konrad Max Kunz, das Nationaltheater, hat von Klenze wiederaufgebaut, nachdem es durch einen Brand zerstört worden war, und es zeugt von dem besonderen Charakter dieses wunderbaren Baumeisters, dass er dabei die Größe besaß, auf die Pläne seines Vorgängers Karl von Fischer zurück zu greifen, der den gigantischen, hellenistischen Kunsttempel einst ersonnen hatte.

So sympathisch Ludwigs „Kunstkönigtum" noch knapp zwei Jahrhunderte später ist, so problematisch erscheint nicht nur im nachhinein die politische Wandlung, die er zu diesem Zeitpunkt bereits vollzogen hatte. Aus dem schwärmerischen, von vielen liberalen Ideen geprägten Kronprinzen und jungen König war ein neoabsolutistischer Monarch geworden. Noch im Jahr 1827 eröffnete er die Ständeversammlung folgendermaßen: „Nicht von Mängeln frei ist bei allen Vorzügen unsere Verfassung. Erfahrung erst zeigt manches, was Theorie nicht lehren kann, und weise gibt unsere Verfassung selbst den Weg an, wie Verbesserung in ihr zu bewirken. Vieles Gute ist bereits auf den früheren Landtagen geschehen, vieles bleibt uns zu tun noch übrig." Doch vier Jahre später sind ihm Verfassung und Landtag bereits zuwider, ist aus dem jungen Liberalen ein Reaktionär geworden, der mit polizeistaatlichen Mitteln all' diejenigen verfolgen lässt, die sich mit seinen Vorstellungen eines

Staatswesens nicht zufrieden geben wollen und eine weitere Demokratisierung anstreben.

Die Organisatoren des freiheitlichen „Gaibacher Festes" etwa, den Arzt Gottfried Eisenmann und den Staatsrechtler Wilhelm Josef Behr, ließ er mit Nachdruck strafrechtlich verfolgen. Ludwig selbst sorgte dafür, dass ihnen der Prozess in München und nicht vor dem eigentlich zuständigen Gericht in Würzburg gemacht wurde. Die fadenscheinige Anklage lautete auf „Hochverrat" und „Majestätsbeleidigung". Das Urteil, das die Richter im Falle Behrs 1835 nach mehr als zweijähriger Untersuchungshaft ganz im Sinne des Königs bereitwillig fällten, beinhaltete eine mehrjährige Festungshaft, aus der er erst 1847 durch Begnadigung wieder frei kam. Ludwig hatte sich lange gegen diesen Schritt gesträubt, doch ließ ihm der öffentliche Druck im vorrevolutionären Bayern schließlich keine andere Wahl mehr. Ein Jahr später erst folgte die vollständige Rehabilitierung von Behr und Eisenmann.

Georg Büchner, der große deutsche Dichter des Vormärz, wetterte in seiner Flugschrift „Der hessische Landbote" nicht umsonst gegen den Bayernkönig. Darin heißt es: „Sehet an das von Gott gezeichnete Scheusal, den König Ludwig von Baiern, den Gotteslästerer, der redliche Männer vor seinem Bilde niederzuknien zwingt und die, welche die Wahrheit bezeugen, durch meineidige Richter zum Kerker verurteilen lässt; das Schwein, das sich in allen Lästerpfützen von Italien wälzte, den Wolf, der sich für einen Baals-Hofstaat für immer jährlich fünf Millionen durch meineidige Landstände verwilligen lässt, und fragt dann: ‚Ist das eine Obrigkeit von Gott zum Segen verordnet?' Ha! Du wärst Obrigkeit von Gott? Gott spendet Segen aus; Du raubst, Du schindest, kerkerst ein, Du nicht von Gott, Tyrann!"

Vielleicht waren es ja diese politischen Umstände, die Kunz 1833 dazu bewogen haben, sein Theologiestudium abzubrechen und auf Jura umzusteigen. Die juristischen Fakultäten hatten sich damals zu liberalen Hochburgen entwickelt, und man darf getrost davon ausgehen, dass Kunz etwa mit den Vorstellungen eines Behr, dessen Buch „System der allgemeinen Staatslehre" zu einem Standardwerk der Rechtswissenschaften geworden war, sympathisierte. Freilich scheint die Juristerei dann doch nicht das Richtige für ihn gewesen zu sein. 1837 gibt er jedenfalls das Studium gänzlich auf, verlässt die Universität ohne Abschluss und macht fortan hauptberuflich das, was er nebenher schon sein ganzes Leben gemacht hat – Musik nämlich.

Kunz schlägt sich als Musik-, genauer: Klavierlehrer durch und unterrichtet zunächst den Nachwuchs der besseren Münchner Kreise. Immer mal wieder wurde in diesem Zusammenhang kolportiert, er habe auch die spätere österreichische Kaiserin Elisabeth, die im Nachhinein als „Sissi" eine geradezu unglaubliche Popularität erreichte, Klavierunterricht erteilt. Verifizieren ließ sich das bislang nicht. Auszuschließen ist es allerdings auch nicht. Sissis Vater, Herzog Max in Bayern, der „Zither-Maxl", ist regelmäßig in jenem kulturell interessierten, bürgerlichem Milieu Münchens verkehrt, in dem sich Kunz im Laufe der Zeit mehr und mehr einen beachtlichen Namen machte. Seine außerordentlichen Fähigkeiten als Klavierpädagoge stehen dabei auch im Rückblick außer Frage.

Aus dieser Zeit stammt zum Beispiel eine Sammlung von 30 Kanons, die sich speziell an Anfänger wendet und dazu dient, die Koordination von rechter und linker Hand zu trainieren. Kein Geringerer als Hans von Bülow hat Kunz rund drei Jahrzehnte später dazu ermutigt, die Sammlung auszubauen und zu veröffentlichen. Im Vorwort dazu wundert sich von Bülow darüber, dass noch niemand vor Kunz auf die Idee gekommen ist, die simple Form des Kanons für diesen Zweck zu verwenden. Er schreibt außerdem, „dass dieses Werk für alle öffentlichen Musikeinrichtungen und alle kompetenten Privatlehrer verpflichtend sein sollte". Darüber hinaus würdigt er es als ideale Vorbereitung, um etwa die Inventionen eines Johann Sebastian Bach spielen zu können. Von Bülow: „Ich glaube, dass Kunz' Kanon-Studien seinem Ruf als ausgezeichneter Musiker gerecht werden – ein Ruf, der sich auf die hohe Qualität seiner Kompositionen gründet." Kunz wiederum macht in seiner Einleitung zu den auf 200 angewachsenen Kanons deutlich, wie sehr er vor allem die Klavieranfänger im Blick hat, für die es kaum geeignete Literatur gäbe. Die Qualität der Sammlung, die er hier vorlegte, hat dazu geführt, dass sie vor allem in den angelsächsischen Ländern immer wieder aufgelegt wurde – zuletzt 2006. Seine 1841 erschienene, ungemein populäre Klavierschule hingegen, findet heute praktisch keine Verwendung mehr und ist in Vergessenheit geraten.

Wirkliche Aufmerksamkeit erregt Kunz im München der zuende gehenden 1830er Jahr freilich weniger durch seine innovativen Ansätze in der Klavierpädagogik, als vielmehr durch seine Tätigkeit als Chorleiter und mit einer Reihe von Kompositionen für Männerchor, die schnell eine weite Verbreitung finden. In diesem Zusammenhang lernt er auch drei für ihn persönlich wie für das Münchner Musikleben bedeutende Männer kennen.

Da ist zunächst der Komponist und Dirigent Johann Caspar Aiblinger, seit 1826 Hofkapellmeister und Leiter der königlichen Vokalkapelle. Kunz nennt ihn in dem Brief an Ludwig II. einen „väterlichen Freund" und deutet damit an, dass die Beziehung zu ihm mehr war, als nur ein beruflich-kollegiales Verhältnis am Theater. Auf jeden Fall hat er bei ihm seine Fähigkeiten als Komponist mindestens verfeinert. 1864 hat sich Kunz sogar Hoffnungen gemacht, dem altersschwachen Aiblinger, damals immerhin 85 Jahre alt, als Kapellmeister nachzufolgen. „Bei Lebzeiten des verehrten Greises und väterlichen Freundes Schritte zu tun verbat mir die Pietät", schrieb er dem König. Und weiter: „Aber vor seinem Hinscheiden trat Herr Kapellmeister Müllner aus Düsseldorf an seinen Platz. In die Arbeit dieses Ruhepostens hatten sich bis daher die Herren Generalmusikdirektor Lachner und Musikdirektor Meyer geteilt, und wohl keiner von beiden eine Erleichterung dieser ihrer Nebenbeschäftigung gewünscht. So hatte nun Zeus diese Welt weggegeben und mein irdischer Himmel war eingepfercht wie vorher." Kunz wurde – obwohl es an seiner Qualifikation für die Stelle keinen Zweifel gab – nicht in Betracht gezogen. Interessant ist in diesem Zusammenhang, dass ihm schon knapp zehn Jahre zuvor eine Kapellmeisterstelle verwehrt worden war und stattdessen der von ihm erwähnte Musikdirektor Friedrich Wilhelm Mayer aus Stettin zum Zuge kam. Max Zenger meint dazu: „...unbeschadet der Berechtigung Meyers zu diesem Posten darf wohl ausgesprochen werden, dass mit Konrad Max Kunz ein Berufener ungerecht übergangen wurde."

Der Zweite aus dieser „Frohsinn"-Riege (alle drei gehörten der Münchner „Frohsinn"-Gesellschaft an), der für Kunz Bedeutung erlangte, war Joseph Hartmann Stuntz, wie Aiblinger Dirigent an der Oper und ein angesehener Komponist. Stuntz hatte unter anderem bei Antonio Salieri in Wien studiert und 1819 gleich mit seiner ersten Oper „La Rappressaglia" an der „Mailänder Scala" einen Sensationserfolg verbuchen können. 1823 wurde er

Vizekapellmeister der königlichen Hofkapelle in München, ein Jahr später Operndirektor am Hoftheater und 1825 schließlich erster Hofkapellmeister. Stuntz war im Münchner Musikleben seiner Zeit eine bedeutende Figur, seine Werke wurden in ganz Europa gespielt. Seit Hauptaugenmerk galt zwar der Oper (seine letzte, „Mama Rosa", wurde kurz vor Kunz' Berufung ans Theater uraufgeführt, litt aber an einem miserablen Libretto, dessen Schwächen auch die ausgereifte Musik nicht kaschieren konnte, wie Zeitgenossen festhielten), doch schuf er auch Kirchenmusik sowie eine Reihe damals überaus bekannter Chorkompositionen und Festmusiken.

Es kam wohl nicht von ungefähr, dass Stuntz lange Zeit als Nationalkomponist und Festdirigent Bayerns galt, obwohl er doch eigentlich Schweizer war, geboren in Arlesheim bei Basel. 1842 vertonte er ein Gedicht von König Ludwig I., welches Majestät anlässlich der Grundsteinlegung für die Befreiungshalle bei Kehlheim ersonnen hatte. Er schuf damit eines der bekanntesten Chorwerke jener Zeit. Das Stück für vierstimmigen Männerchor wurde noch lange nach der Zeremonie auf dem Michelsberg über Kehlheim, mit der am 19. Oktober 1842 der Bau der Befreiungshalle begann, von Chören im ganzen Land gesungen. Auch Kunz hat es nachweislich mehrfach dirigiert. Es führt auch mitten hinein in die deutsch-nationale Gedankenwelt der Chorbewegung, in der die Befreiungskriege der Jahre 1813 bis 1815 und die Emanzipation von der Vorherrschaft Napoleons selbstverständlich eine wichtige Rolle spielten. „Heil Euch, wackre Männer, muth'ge Krieger, die errungen Ihr den Heldenkranz, Heil Euch, treue Teutsche, tapfre Sieger, ewig währet Eurer Thaten Glanz", heißt es darin. Und abschließend: „Durch die Zeiten weite Ferne schlinge immer sich der Eintracht heilig Band, jedes Teutschen Seele sie durchdringe, unbesiegt bleibt dann das Vaterland."

Ob Konrad Max Kunz, wie mehrfach kolportiert wurde, tatsächlich bei Stuntz Kompositionsunterricht hatte, lassen wir an dieser Stelle besser einmal dahin gestellt. Für den jungen Chordirektor dürfte er aber auf jeden Fall so etwas wie eine Vorbildfunktion gehabt haben. Bis zu einem gewissen Grad trat er durchaus in dessen Fußstapfen – etwa was sein Faible für die Männerchöre angeht oder die Aufgaben, die er als Dirigent und/oder Komponist bei einer Rehe von bedeutenden Staatsereignissen wie zum Beispiel die Beerdigungsfeierlichkeiten für Ludwig I. übernahm.

Die wichtigste „Frohsinn"-Persönlichkeit für Kunz dürfte jedoch Franz Lachner gewesen sein. Kein Geringerer als Robert Schumann nannte Lachner einst den „talentiertesten und kenntnisreichsten unter den süddeutschen Komponisten". Er stand in Kontakt mit Beethoven und war mit Franz Schubert befreundet, über den er kurz nach dessen Tod scherzte: „Hätte der Schubert länger gelebt, so hätte aus ihm ein guter Komponist werden können."

Ein guter Komponist war Lachner zweifellos selbst, auch wenn nicht alle seiner Arbeiten von gleich hoher Qualität sind und manches schon zu seinen Lebzeiten ein wenig arg leblos bzw. blutleer daher gekommen sein dürfte. Er zählt zu den bedeutenden Vokal- und Instrumentalkomponisten des 19. Jahrhunderts und nahm in einer Reihe seiner Werke gar einen Anton Bruckner vorweg. Im Gegensatz zu den Kompositionen von Aiblinger und Stuntz tauchen Stücke von Lachner vereinzelt sogar heute noch im Konzertbetrieb auf. Vor allem seine sieben Suiten für Orchester sind in den letzten Jahren wieder entdeckt worden, auch wenn diese Musik nach wie vor eher ein Geheimtipp ist und von einer Lachner-Renaissance wahrlich nicht die Rede sein kann.

Lachner kam 1836 an die Münchner Oper, nachdem er ursprünglich mit Berlin über einen Posten verhandelt hatte, man sich dort aber dann doch für Felix Mendelssohn-Bartholdy entschied. Ironischerweise war Mendelssohn umgekehrt auch für die Münchner Position im Gespräch. Max Zenger urteilt wie immer kenntnisreich über Mendelssohn: „Dass dieser große Künstler zu besagtem Zwecke nicht nach München kam, war ein Glück für ihn und München, die nicht zusammengepasst hätten." Lachner schien hingegen zu München wie die Faust aufs Auge zu passen. Zenger schreibt jedenfalls, dass „sich das Jahr 1836 durch das Erscheinen Lachners als eines der wichtigsten in der ganzen Geschichte der Münchner Oper" darstelle.

Fast 30 Jahre lang wird Lachner als Hofkapellmeister und später als Generalmusikdirektor in München bleiben und das Musikleben der Stadt wie niemand anderes zuvor prägen. Erst als 1864 mit Richard Wagner ein noch gewaltigeres musikalisches Kaliber an der Isar auftaucht, ist die Ära Lachner vorbei. Lachner und Wagner haben sich nicht gemocht, sie vertraten sogar völlig gegensätzliche Musik- und Kunstauffassungen, doch spricht es Bände, wenn Wagner im April 1865 „das herrliche königliche Hof-Orchester" als „Franz Lachners musterhafte Schöpfung" lobt. Kein Wunder: Ohne Lachners Arbeit mit diesem Orchester wäre die Uraufführung von Wagners „Tristan und Isolde" im selben Jahr nicht möglich gewesen. In Wien hatten sie 1863 nach 77 Orchesterproben die Oper für unspielbar erklärt und das Projekt schließlich entnervt abgebrochen.

Lachners größter Erfolg als Komponist war die 1841 entstandene Oper „Catharina Cornaro", die nach zwei Aufführungen noch im Entstehungsjahr allein 1842 die für Münchner Verhältnisse gigantische Zahl von zehn

Aufführungen erlebte. Max Zenger spricht von einem „unter allen Umständen hochachtbaren Werk" und kommt zu dem Schluss: „Mit vollster Überzeugung sprechen wir es aus: mit dieser Oper ist die deutsche Schule um ein dramatisches Werk reicher geworden, welches unter den ihr angehörigen zu den genialsten und gediegensten gezählt zu werden verdient." Auch wenn das Werk heute nicht mehr gespielt wird und eine ganze Reihe dramaturgischer Schwächen zwischenzeitlich deutlicher gesehen werden, als noch zu Lebzeiten Lachners, gilt „Catharina Cornaro" doch als „ein beachtlicher deutscher Beitrag zur Großen Oper Meyerbeerscher Prägung", wie die nüchterne MGG-Enzyklopädie festhält.

Dieser Franz Lachner wird also auf Konrad Max Kunz aufmerksam. Lachner hat ohne Zweifel sehr früh Kunz' besondere Fähigkeiten als Chorleiter erkannt und wohl auch schnell realisiert, dass er der richtige Mann wäre, um die chaotischen Zustände an der Oper in den Griff zu bekommen. Auch dürfte ihm sein musikpädagogisches Talent nicht verborgen geblieben sein. Nicht umsonst holte er Kunz viele Jahre später auch als einen der ersten Professoren an das gerade neu gegründete Münchner Konservatorium, die heutige Musikhochschule. Und Lachner dürften auch die Kompositionen von Kunz gegenwärtig gewesen sein, mit denen er nicht nur in einem musikalisch-künstlerischen Sinne für Aufmerksamkeit sorgt.

Da ist beispielsweise die Vertonung eines der hebräischen Lieder von Lord Byron, das in der deutschen Übersetzung mit den Worten beginnt „Beweinet, die geweint an Babylons Strand! Die Bundeslad' ist leer, Traum nur ist ihr Land!". Kunz hat den Text sicher nicht einfach nur zufällig gewählt. Die Parallelen zwischen der babylonischen Gefangenschaft der Israeliten und den Repressalien gegenüber einem liberalen Bürgertum, die sich im Bayern Ludwigs I. mehr und mehr breit machten, liegen auf der Hand und dürften weder den Sängern noch ihren Zuhörern verborgen geblieben sein. Das „Ebräische Klagelied" war somit wie geschaffen für die überall im Land aufblühenden, zum Teil wirklich hochpolitischen, freiheitlich orientierten Liedertafeln. Kunz selbst gründete aus der Gesellschaft „Frohsinn" heraus die „Münchner Liedertafel", mit der er in der Folgezeit regelmäßig auf den großen Sängerfesten in Bayern auftrat.

Die „Liedertafel" ist die archetypische Organisationsform der Männerchöre jener Zeit. Angelegt als Verein bündelt sich in ihr alles, was das Chorwesen seit Ende des 18. Jahrhunderts ausmacht. Beim Singen in einem Chor geht es ja längst nicht mehr allein um die Pflege einer bestimmten musikalischen Gattung. Chöre sind zu einer Ausdrucksform bürgerlicher Repräsentation geworden, in denen die auf die Aufklärung zurück gehenden bürgerlichen Emanzipationsbewegungen fortleben. Sie sind vor dem Hintergrund „der demokratischen Strömungen in Deutschland, des organisierten gesellschaftlichen, patriotisch-deutschen Nationalismus sowie eines sich immer deutlicher abzeichnenden sozialen Strukturwandels zu sehen" (Friedhelm Brusniak in „MGG"). Ein Chor gilt per se als demokratisch. Jedenfalls betont etwa Hans Georg Nägeli, der mit seinen Schriften einer der bedeutendsten Theoretiker der Chorbewegung war und aus dem Umfeld Pestalozzis kam, den demokratischen Charakter des Chorgesangs.

Nägeli sieht im Chorwesen aber noch einen weiteren, volkspädagogischen Aspekt. Wiederum in „Die Musik in Geschichte und Gegenwart" heißt es dazu: „So ergibt sich das eigenartige Resultat, dass die gemeinschaftsbildende

Kraft des Chorgesangs im Falle Nägelis die singenden Menschen aus der Masse des ungebildeten Volkes auf die Ebene des Bewusstseins von der Würde des Menschen herauf heben konnte, dass sie andererseits im Falle der Liedertafel die individualistisch ausgebildeten und oberen sozialen Schichten angehörenden Sänger in der geselligen Vereinigung des Chors zum Erlebnis gemeinsamer künstlerischer Betätigung brachten und so die künstlerische Ebene zum Treffplatz sozial unterschiedlicher Schichten werden konnte."

Bewusstsein von der Würde des Menschen? Treffpunkt ganz unterschiedlicher sozialer Schichten? Demokratischer Charakter des Chorgesangs? Kein Wunder, dass da die Chorgemeinschaften und Singvereine während der bald nach der Befreiung von Napoleon überall in Europa um sich greifenden Restauration zu Verfechtern von Freiheits- und Bürgerrechten wurden, von denen die Herrschenden plötzlich nicht mehr allzu viel wissen wollten. Wie andere Vereine erfüllten schließlich auch die Chorgemeinschaften eine Art Ersatzfunktion für die zumeist verbotenen politischen Parteien. Die großen Sängerfeste, auf denen man sich regelmäßig in ganz Bayern traf, wurden so auch zu politischen Kundgebungen, auch wenn die Politik eher zwischen den Lied-Zeilen zu finden war und nicht im Vordergrund stehen durfte.

1847 lud der „Regensburger Liederkranz", zu dem Konrad Max Kunz zeitlebens eine besonders enge Verbindung hatte und dem er dann auch einige seiner Chorkompositionen, so etwa die Burleske von den „zwei Knödeln", ein Stück für zwei Zischstimmen und Männerchor, widmete, unter dem Motto „In Frieden und in Streit, ein Lied ist gut Geleit!" zu so einem Sängerfest an die Donau ein. Weil man in München natürlich um die politischen Konnotationen wusste, bedurfte die Veranstaltung der Genehmigung durch die Regierung, die nur unter strengen Auflagen erteilt wurde. Welche Bedeutung das Fest hatte, wird schon allein an den Dimensionen der Festhalle deutlich, die man eigens dafür auf der Wiese der „Schießstätte", dem heutigen Stadtpark, errichtete. Ein zeitgenössischer Chronist hat festgehalten, dass sie „eine Fläche von etwa 3580 Fuß bayerischen Maaßes im Gevierte" umfasste und „leichtlich 1300 geschlachte Leute d'rinn Platz fanden". Erstmals gab es in Regensburg auch Tribünen für das Publikum, die symbolhaft für die gleiche Augenhöhe standen, auf der sich Bürger und der stets erhöht sitzende König begegnen sollten.

Natürlich wäre es Ludwig I. nicht im Traum eingefallen, bei so einem Fest zu erscheinen. Verbieten konnte er es im „Vormärz" freilich auch nicht, die Zeiten waren längst nicht mehr danach. „Ja, meine Freunde, ein neuer Lenz ist gekommen, und seine jauchzende Losung ist freies Wort und gutes Recht", resümierte der Vorsitzende des Liederkranzes, „Kreisgerichtsrath Reitmayr", deshalb in seiner Festrede. Auf ihnen beruhe „die sittliche Würde, aus ihnen entsteht die geistige Kraft der Nationen". Reitmyar bewies freilich auch Fingerspitzengefühl und war eifrig darum bemüht, nicht zusätzlich Öl ins Feuer zu gießen oder gar den König direkt anzugreifen. Im Gegenteil. „Mag auch mancher in unserer Vereinigung bedenkliche Zwecke wittern, wir wollen ihm deshalb nicht zürnen", sagte er, „aber bestreben wollen wir uns durch Wort und That, ihn von seinem Unrechte zu überzeugen." Und weiter: „Also gebietet es das Vertrauen, welches seine Majestät der König durch die allergnädigste Bewilligung des Festes bekundet haben. So lassen Sie uns festhalten an Gesetz und Ordnung, jetzt und immer, und zu dessen feierlicher Versicherung den ersten Festruf dem erhabenen Herrscher weihen, der, entflammt von Vaterlandsliebe, als Leuchtthurm emporragt für die nach deutscher Einigung ringenden Stämme und in dessen Herrscherwalten ein neuer Lenz angekommen ist, Blüthe an Blüthe drängend und herrliche Frucht verkündend."

Tatsächlich hatte es in den Monaten vor dem Regensburger Sängerfest einige hoffnungsvolle Veränderungen im Staat gegeben. Dazu gehörte etwa die Einsetzung des sogenannten „Ministeriums der Morgenröte" durch Ludwig, das zwar zuallererst seiner Geliebten, der Tänzerin Lola Montez, wie von ihm gewünscht die bayerische Staatsbürgerschaft verschaffen sollte, das aber auch einen liberalen Systemwechsel in die Wege zu leiten versuchte. Vergeblich, versteht sich. Bereits im Dezember 1847 entließ Ludwig das Ministerium unter dem Rechtshistoriker Georg Ludwig von Maurer wieder. Die vor sich hin schwelende Affäre um Lola Montez brachte den Monarchen ebenso in Bedrängnis wie die unerfüllten politischen Forderungen, die da längst in der Luft lagen und sich in der März-Revolution des Folgejahres gewaltsam entladen sollten – Forderungen nach Pressefreiheit, nach der Verantwortlichkeit der Ministerien gegenüber dem Parlament, nach einem liberalen Wahlrecht und nicht zuletzt nach einer gesamtdeutschen Volksvertretung.

Reitmayrs „Lenz" war also nur von kurzer Dauer. Konrad Max Kunz, der auf dem Regensburger Sängerfest als Festdirigent wirkte und mit einer Reihe seiner Kompositionen reüssierte, darunter der Hymnus „Odin, Du Schlachtengott", der sich einem Zeitzeugen zufolge „anhört wie ein Sturm im Eichwalde" oder seine Bearbeitung des alten Volksliedes „Prinz Eugenius, der edle Ritter", dürfte ihn dennoch verspürt haben. In dem von ihm vertonten, vor Optimismus übergehenden Festlied wird denn auch der

Gesang und das freie Wort gefeiert. „Hebe deine Schwinge, freies Lied, empor, bis zum Himmel dringe deiner Klänge Chor“, heißt es in dem Text. „In des Liedes Hallen steht der Freiheit Thron.“ Und schließlich: „Lasst die Lieder klingen! Durch das Vaterland tönen sie und schlingen neu der Liebe Band. Seht die Nacht entschwinden, die auf Deutschland lag – unsre Lieder künden froh den neuen Tag.“

Davon konnte natürlich keine Rede sein. Zwar wird König Ludwig I. im Zuge der Revolution von 1848 abdanken, doch sein Nachfolger Maximilian II. sollte sich alsbald als Sohn seines Vaters erweisen, mit der ihm von der Verfassung zugedachten Rolle hadern und nicht zuletzt die Liedertafeln und Chorverbindungen in Bayern erneut in Bedrängnis bringen. Genau darauf wird die Bayernhymne schließlich reagieren und den König Max mahnen, sich doch bitte an die Verfassung zu halten, weitere demokratische Reformen voran zu bringen und damit Frieden mit seinem Volk zu machen.

Ein Königreich für eine Hymne

Wenn sie droben in Berlin mal wieder zu ihrem Leidwesen das „bayerische Nationalgefühl" zu spüren bekommen, die zugegebenermaßen auch für manchen Einheimischen mitunter etwas gewöhnungsbedürftige bajuwarische Sicht der Dinge, dann geht nicht selten ein kollektives Stirnrunzeln durch die Reihen von Parlament und Regierung, gefolgt von einem einerseits zwar erzürnten, andererseits aber auch bewundernden Blick auf die da in München samt all' ihrer Eigenheiten. Das hat Tradition bei den Preißn. Schon 1865 schrieb Fürst Bismarck an seinen Gesandten an der Isar: „Bayern ist vielleicht das einzige deutsche Land, dem es durch seine materielle Bedeutung, durch die bestimmt ausgeprägte Stammeseigentümlichkeit und die Begabung seiner Herrscher gelungen ist, ein wirkliches und in sich selbst befriedigtes Nationalgefühl auszubilden."

Wie auch immer man die „bestimmt ausgeprägte Stammeseigentümlichkeit", von der Bismarck spricht (und zu der auch die gegenwärtige Kanzlerin das eine oder andere anmerken könnte) verstehen will, die Einschätzung des späteren Reichsgründers kam natürlich nicht von ungefähr. Tatsächlich hatte sich der neue König Maximilian II., der seinem Vater Ludwig nach dessen Abdankung 1848 auf den Thron nachgefolgt war, „die Hebung des bayerischen Nationalgefühls" auf die Fahnen geschrieben und über seinen ersten Minister Ludwig von der Pfordten eine Politik betreiben lassen, die Bayern an der Spitze einer Reihe kleinerer und mittlerer Staaten ganz selbstverständlich als den nach Preußen und Österreich „dritten deutschen Staat" begriff.

Majestät und seine Mannen gingen dabei mit erstaunlicher Konsequenz und systematisch vor, verfolgten ein Konzept, das zuallererst im Inneren und im vermeintlich Kleinen ansetzte. So spielte beispielsweise die Pflege und Förderung des Brauchtums eine herausragende Rolle. Schützen- und Trachtenvereine fanden sich plötzlich im Focus der Aufmerksamkeit genauso wieder wie das vielfältige religiöse Brauchtum im Land. Volkslieder wurden gesammelt und die bayerische Geschichte in zahlreichen, oftmals tendenziös-patriotischen Veröffentlichungen und Vorträgen verklärt. Nicht umsonst erfolgte 1855 auch die Gründung des „Bayerischen Nationalmuseums" in München, das die Intention, die dahinter stand, schon in seinem Namen deutlich werden ließ und sich bewusst an ein möglichst breites Publikum wandte.

Der von Maximilian beförderte „bayerische Patriotismus" sollte freilich nicht nur nach außen wirken und Bayern gegenüber Preußen und Österreich behaupten helfen, sondern stellte für den König vor allem ein innenpolitisches Werkzeug dar, mit dem er hoffte, die ungeliebten Zugeständnisse, die er im Nachgang der Revolution von 1848 hatte machen müssen, abzumildern und überhaupt revolutionäre Tendenzen in den Griff zu bekommen. Maximilian trennte sicherlich eine Menge von seinem Vater, nicht zuletzt waren sie zwei höchst unterschiedliche Charaktere und womöglich wäre der Sohn auch viel lieber Wissenschaftler als Monarch geworden, doch waren sich beide in ihren Zweifeln am Parlamentarismus und einer mehr als reservierten Haltung gegenüber der Verfassung einig. Dass außer Gott auch noch die Verfassung über dem König stand, fand im Hause Wittelsbach jedenfalls keine begeisterte Aufnahme.

„Er war kein großer Bewunderer der konstitutionellen

Staatsform und hatte wenig Freude an der prüfenden Kritik der Landtage", schrieb denn auch der Volkskundler Heinrich Wilhelm Riehl, der zu den Beratern Maximilians gehörte. Riehl konstatierte allerdings ebenso, dass sich der König trotz aller Vorbehalte immer auf dem Boden der Verfassung bewegte. Nun ließe sich in diesem Zusammenhang natürlich fragen, inwieweit die Rolle und das Handeln des königlichen Kabinettssekretärs Franz Seraph von Pfistermeister, der nicht umsonst – halb spöttisch, halb bewundernd und natürlich inoffiziell – als „Vizekönig" tituliert wurde, immer hundertprozentig verfassungskonform waren, doch ändert das nichts daran, dass Maximilian zur Verfassung stand und wohl tatsächlich war, was man einen „Bürgerkönig" genannt hat. Nur, „übertreiben" wollte er es dann doch nicht.

Genau das aber forderten weite Teile des Bürgertums von ihm, als die zugesagte Justiz- und Verwaltungsreform nicht so recht voran kommen wollte und die autoritäre Regierung Ludwig von der Pfordtens auch wirklich alles tat, um einer weiteren Liberalisierung vorzubeugen. Kein Wunder also, dass aus den Wahlen vom Dezember 1858 die bürgerliche Opposition und nicht Regierung und König gestärkt hervor gingen. Die neue Kammer der Abgeordneten übte heftigste Kritik an dem Schneckentempo, in dem die Reformen voran bzw. nicht voran gingen, und wählte abermals den Führer der Opposition, den Rechtsgelehrten Dr. Ludwig Weis, zum zweiten Präsidenten des Hauses.

Weis war ein Jahr zuvor von der Regierung Pfordten wegen seines Engagements für die liberal-konservative Mehrheit sowohl im Landtag als auch im Gesetzgebungsausschuss und trotz seiner zweifelsfreien Autorität als Jurist seiner Professur für französisches Recht und bayerisches Staatsrecht an der Universität München enthoben worden. Es handelte sich dabei um eine der wenigen Maßregelungen gegenüber anders denkenden Beamten, die sich die Regierung tatsächlich erlaubt hat. Offenbar war man klug genug, die Liberalen in der Beamtenschaft nicht auch noch zusätzlich zu provozieren. An Weis jedoch sollte ein Exempel statuiert werden.

Die Zeiten aber hatten sich mit der Dezember-Wahl geändert. Der Druck auf den König wuchs, ja war nun so groß geworden, dass ihm nichts anderes übrig blieb, als auch der Ernennung von Weis zum Bürgermeister von Würzburg zuzustimmen, obwohl das Ministerium Pfordten dies ursprünglich abgelehnt hatte. Mehr noch: Weis durfte nicht nur Bürgermeister werden, von der Pfordten musste sogar seinen Hut nehmen. Viel wichtiger aber: Maximilian gebrauchte in diesem Zusammenhang einen berühmt gewordenen Satz, der für den Fortgang unserer kleinen Geschichte der Bayernhymne noch eine gewisse Rolle spielen wird, dessen Essenz sogar in eine Text-Version der Hymne Einzug gehalten hat und den ihm bestimmte bürgerliche Kreise noch vorhalten werden. „Ich will Frieden haben mit meinem Volke und mit den Kammern", geruhten seine Majestät damals (dummerweise) zu sagen.

König Maximilian II., der, um keine Missverständnisse aufkommen zu lassen, insgesamt sicherlich ein Glücksfall für Bayern gewesen ist und zu unrecht im Schatten seines Vaters wie seines Sohnes steht, wird für gewöhnlich eher mit Wissenschaft und Literatur in Verbindung gebracht und weniger mit Musik. Doch schon Michael Dirrigl hat in seiner großen, zweibändigen Biographie von 1982 darauf verwiesen, dass der Kronprinz eine umfassende musikalische Erziehung genossen hatte und über einen musikalischen Sachverstand verfügte, der sich allemal sehen oder besser: hören lassen konnte. Wahrscheinlich hätte er den aber gar nicht gebraucht, um zu begreifen, dass eine eigene Hymne seinen Überzeugungen und Zielen zupass kam. Hymnen standen in Europa zu dieser Zeit eh hoch im Kurs. Spätestens seit die Idee des Nationalstaates fröhliche Urständ feierte und das britische Weltreich 1825 das unvergleichliche „God save the King" zur Hymne erhoben hatte, wusste man um deren Bedeutung.

Wir kommen an dieser Stelle deshalb nicht umhin, erst einmal zu klären, was das denn eigentlich ist, so eine Nationalhymne. Im Lexikon heißt es dazu konkret: „Die Nationalhymne ist ein in der Regel mit Text unterlegtes Musikstück, das durch staatliches Dekret zum nationalen Symbol erhoben wird. Wie jedes Symbol verfügt die Nationalhymne über eine konventionell vereinbarte Bedeutung: Zusammen mit der Staatsflagge und dem Staatswappen repräsentiert sie die nationale Souveränität eines Landes. Die Nationalhymne wird bei staatlichen, sportlichen und anderen öffentlichen Anlässen gesungen bzw. gespielt. Als im Staatsprotokoll festgeschriebenes Zeremoniell erklingen beim internationalen Staatsverkehr die Hymnen der beteiligten Länder zur Begrüßung, Verabschiedung und Ehrung ausländischer Staatsgäste. Des weiteren werden sie als nationales Repräsentationssymbol bei wichtigen innenpolitischen Anlässen, bei internationalen Sportereignissen sowie vielfach zum Sendeschluss der Rundfunkanstalten, in manchen Ländern auch am Ende von Theater- und Kinovorstellungen eingesetzt. Die Hymne steht als Mittel der staatspolitischen Selbstdarstellung in kommunikativer Funktion zwischen Staatsführung und Volk und kann nicht nur der politischen Erziehung, sondern ach der ideologischen Manipulation dienen." (MGG)

Von der „ideologischen Manipulation" können wir Deutsche im wahrsten Sinne des Wortes ein Lied singen, seit die Nazis das Deutschlandlied auf seine national überhöhte erste Strophe reduziert haben. In anderen Hymnen geht es darüber hinaus auch deutlich blutrünstiger zu, als in der deutschen, allen voran in der Urmutter aller Hymnen, der „Marseillaise". Zwar fordert etwa die mexikanische dazu auf, „wenn das Kriegsgeschrei ertönt, rüstet Euch mit Waffen und Zaumzeug und lasst den Kern der Erde erzittern unter dem Gebrüll der Kanonen", aber was ist das schon im Vergleich mit der französischen Hymne, in der es – sehr zum Leidweisen einiger selbstkritischer Franzosen (ja, die gibt es tatsächlich!) – heißt: „Lasst uns marschieren, marschieren! Auf dass ihr unreines Blut unsere Felder bewässert." Da lobt man sich doch das britische Empire oder das, was davon übrig geblieben ist, welches huldvoll seinen König bzw. seine Königin besingt.

Mit der britischen und der französischen Hymne standen auch gleich die beiden Prototypen aller Hymnen fest: Hier die Herrscherhymne, dort die Revolutions- oder Kampfeshymne nämlich. Vieles was danach kam, orientierte sich an diesen Grundmustern. Eine Mischung aus beidem war die frühere sowjetische Nationalhymne, in der Herrscher und Revolution gleichermaßen besungen wurden: „O Sonne der Freiheit durch Wetter und Wolke! Von Lenin, dem großen, ward Licht unserem Pfad. Und Stalin erzog uns zur Treue dem Volke, beseelt uns zum Schaffen, zur heldischen Tat."

Auch im Königreich Bayern hatte man zur Mitte des 19. Jahrhunderts hin eindeutige Präferenzen. An eine Revolutionshymne, die ohnehin eher aus bestimmten, na ja: revolutionären Ereignissen hätte erwachsen müssen, war natürlich nicht zu denken. Das Jahr 1848 hatte zwar für die Monarchie einschneidende Veränderungen und gewalttätige Akte mit sich gebracht, doch verliefen die revolutionären Geschehnisse nun auch wieder nicht so, dass aus ihnen eine vor Blut und Kampfeslust triefende Hymne hätte erwachsen können. Man war eher gesittet und besonnen zur Revolution geschritten, wie es in Deutschland nun mal üblich ist. Es ging um Freiheits- und Bürgerrechte, nicht darum, gleich die ganze Monarchie zu kippen. Mit einer Herrscherhymne konnten deshalb auch die Revolutionäre leben, auch wenn ihnen vielleicht nicht immer danach war, ihren König zu lobpreisen.

Tatsächlich sang das Volk ja bereits etwas derartiges. Angelehnt an die österreichische Kaiser-Hymne „Heil Kaiser Joseph, Heil!“ wurde bei bestimmten Anlässen „Heil unserem König, Heil!“ angestimmt – ausgerechnet zur Melodie von „God save the King!“. Maximilian, das bayerische Nationalgefühl fest im Herzen und im Blick, konnte damit natürlich nicht zufrieden sein. Nicht nur, dass die Musik gewissermaßen ausgeliehen war, auch der Text ließ zu wünschen übrig und dürfte selbst für damalige Verhältnisse eher peinlich gewirkt haben: „„Heil unserm König Heil! Lang Leben sei sein Teil, erhalt ihn Gott! Gerecht und fromm und mild ist er sein Ebenbild. Gott gib ihm Glück! Fest ist des Königs Thron, die Wahrheit seine Kron' und Recht sein Schwert! Von Vaterlieb erfüllt, regiert er groß und mild. Heil sei, Heil! O heil'ge Flamme glüh' und erlösche nie für's Vaterland! Wir alle stehen dann voll Kraft für einen Mann, für's Vaterland! Sei bester König hier, lang noch des Volkes Zier, der Menschheit Stolz! Der hohe Ruhm ist Dein, der Deinen Lust zu sein, Heil, Herrscher, Dir!“

Schon im Januar 1852 kam der König deshalb auf die Idee, mittels eines öffentlichen Wettbewerbs „ein bayerisches National-Lied, in welchem die alten und neuen Lande Bayerns sich spiegeln“ zu finden. Sein Innenminister

Theodor von Zwehl, von Maximilian mit der Ausführung beauftragt, meldete freilich umgehend Bedenken an. Er verwies nicht nur darauf, welche Herkules-Aufgabe es sei, eine Hymne, die diesen Anforderungen gerecht würde, zu schaffen, sondern hegte auch die Befürchtung, dass eine öffentliche Suche König und Staat der Lächerlichkeit preisgeben würde – eine Überlegung, die wenige Jahre nach der Revolution und in dem damals herrschenden gesellschaftlichen Klima wohl nicht so ganz von der Hand zu weisen war. Was hätte es auch für einen Eindruck gemacht, wenn es dem Monarchen nicht gelungen wäre, eine passende Hymne zu finden? Oder schlimmer noch: Hätte eine gewissermaßen öffentliche Ausschreibung nicht auch allerhand Spaßvögeln und zweifelhaften Elementen Tür und Tor geöffnet, um mit Verballhornungen und Verdrehungen auf sich aufmerksam zu machen?

Von Zwehl plädierte daher wohl nicht ganz zu unrecht für ein eher informelles, geradezu konspiratives Vorgehen. Flapsig formuliert: Die Suche nach einem bayerischen Nationallied sollte „top secret" verlaufen. Sie hatte jedenfalls diskret vonstatten zu gehen. Der Innenminister wollte persönlich eine Reihe von Dichtern und Komponisten, die seiner Ansicht nach für diese staatstragende Aufgabe in Frage kämen, ansprechen. Welche Kriterien er hier zugrunde legte, ist nicht ganz klar, doch kann man davon ausgehen, dass eine ausgeprägte patriotische Gesinnung natürlich so etwas wie die Grundvoraussetzung war. Künstlerische Potenz konnte daneben auch nicht schaden.

Rund 90 Vorschläge listet Robert Münster in seinem Aufsatz „Bayerische National- und Königshymnen von 1800 bis 1901" auf, die aufgrund der Zwehl-Initiative entstanden sind (es dürften wohl sogar noch deutlich mehr gewesen sein). Sinnigerweise hatte Kunz' Münchner Mentor,

Generalmusikdirektor Franz Lachner, mit seiner Volkshymne „Bayern, O Heimatland!" noch die besten Chancen, das definitive Nationallied für Bayern kreiert zu haben. Auch Hartmann von Stuntz beteiligte sich, wenn auch mit weit weniger Aussicht als Lachner. Letztlich blieben aber beide erfolglos. Eine Hymne, die den Ansprüchen und Vorstellungen Maximilians gerecht werden konnte, wurde auf diesem Weg nicht gefunden. Text und Melodie der späteren Bayernhymne – Ironie der Geschichte! – waren darüber hinaus auch nie eingereicht worden.

Dabei hatte Konrad Max Kunz mit Sicherheit von der Suche gewusst. Zum einen kam er als damals in München bekannter Komponist und Chorleiter für die königlichen Pläne sowieso in Frage, zum anderen war es mit der Geheimhaltung naturgemäß dann doch nicht so weit her, wie von Zwehl sich das gedacht hatte. Vor allem aber verfügte Kunz über beste Verbindungen zum wichtigsten Vertrauten Maximilians und wäre wohl schon allein durch diesen Draht ins königliche Kabinett von den Bemühungen unterrichtet worden.

Er kannte nämlich jenen Franz Seraph von Pfistermeister, der 1849, mit 29 Jahren, Sekretär des Königs wurde und dieses Amt so lange ausübte, wie niemand vor oder nach ihm. Es dürfte auch nie wieder einen „Sekretär" gegeben haben, der über einen ähnlichen Einfluss und eine auch nur annähernd vergleichbare Machtfülle verfügte. Er war der Verbindungsmann seines Königs zur Regierung (also auch zu Innenminister von Zwehl) und nahm direkten Einfluss auf deren Politik, obwohl ihm das eigentlich per königlichem Erlass untersagt war. Anders ausgedrückt: von Pfistermeister machte das, was Maximilian nicht durfte.

Kunz und dieser „Vizekönig" waren zusammen in Amberg zur Schule gegangen und hatten miteinander im selben Chor gesungen. Von Pfistermeister war darüber hinaus zumindest zeitweise Mitglied der „Bürger-Sänger-Zunft", deren musikalischer Leiter Kunz 1855 wurde und von der gleich noch die Rede sein wird. Die beiden dürften im überschaubaren München auch sonst Kontakt gehabt haben, vielleicht bestand sogar ein freundschaftliches Verhältnis. Was also lag da näher, als Kunz, der bereits für eine Reihe offizieller Ereignisse Kompositionen beigesteuert hatte, von den Hymnen-Überlegungen Maximilians zu berichten oder ihn gar aufzufordern, sich zu beteiligen? Nichts. Dennoch gibt es offenbar keine Hinweise darauf, dass Kunz in dieser Richtung aktiv geworden wäre oder gar ein wie auch immer geartetes, fertiges Werk vorgelegt hätte.

Offiziell beworben hat sich Kunz mit seiner Komposition der späteren Bayernhymne jedenfalls nicht, was wohl an ihrem Textdichter, dem Lehrer Michael Öchsner, lag. Johannes Timmermann, ein exquisiter Kenner der Materie, der mit einer Reihe von Mythen im Zusammenhang mit der Bayernhymne aufgeräumt hat, schreibt dazu: „Vielleicht hatten Öchsner und Kunz vor, dem König ihr kleines Werk als Nationallied ‚Für Bayern' einzureichen, das wurde jedoch durch die Kreisregierung unmöglich gemacht. Öchsner hatte in seiner ‚Bayerischen Schulzeitung' mehrere kritische Artikel über Zustände in Schulen veröffentlicht. Er wurde daraufhin mit Entlassung aus dem Schuldienst bedroht und gezwungen, die Redaktion zum Jahresende 1859 niederzulegen." Ein derart kritischer Geist als Dichter des bayerischen Nationalliedes? Undenkbar!

Das Öchsner/Kunz-Lied dürfte, wenn überhaupt, mit der königlichen Suche nach einer Hymne also allenfalls mittelbar zu tun gehabt haben. Und weil wir gerade dabei sind: Falsch ist in diesem Zusammenhang auch die selbst in aktuellen Veröffentlichungen immer wieder anzutreffende

Behauptung, die Bayernhymne sei anlässlich der 700-Jahrfeier der Stadt München 1858 entstanden.

Richtig ist, dass spätestens im Vorfeld der Feierlichkeiten die Suche nach einer Hymne öffentlich wurde. Am 12. Juli 1858 vermeldete die „Augsburger Allgemeine Zeitung" und einen Tag später die „Neue Münchener Zeitung", dass es der Wunsch des Königs sei, anstatt des bislang gesungenen „Heil unserm König Heil!" zukünftig eine „originalbayerische" Hymne zu setzen. Zu diesem Zweck seien „Einladungen an die Legion der Poeten" ergangen, „zuvörderst den Text zu liefern". Wie die Zeitungen erfahren haben wollten, seien drei Textvorschläge eingegangen (ein Beleg dafür, wie wenig die Herren Redakteure tatsächlich über das Vorhaben wussten): „...von Friedrich Beck, Franz Trautmann und Leonhard Wohlgemut, wovon das erste Franz Lachner, das zweite Christian Seidel und das letzte Hartmann Stuntz zu componieren übernahmen; wovon ersterer (Lachner) jedoch wieder zurücktrat, da er's sich einer Concurrenz nicht unterziehen wollte. Die beiden letzten sollen nun, wie wir aus bester Quelle vernahmen, bei Gelegenheit des Münchner Stadtjubiläums zur Aufführung kommen."

Das Lied von Kunz und Öchsner hatte also auch nach diesen Pressemeldungen nichts mit dem königlichen Wettbewerb zu tun. Hermann Heimpel bemüht sich in seinem Aufsatz zur Bayernhymne zwar zu erklären, warum dies dennoch der Fall gewesen sein könnte, doch sind all diese Überlegungen letztlich vollkommen überflüssig, weil Kunz zu diesem Zeitpunkt die Hymne noch nicht einmal ansatzweise im Kopf gehabt haben dürfte. Es stimmt zwar: Kunz war er an den fünf Tage dauernden Festivitäten vom 26. bis zum 30. September 1858 beteiligt. Die Fanfaren des großen Festzuges hat er beispielsweise beigesteuert sowie Stücke für die „Leibregimentsmusik" des Königs, die von der Stadtchronik als „herrliche Compositionen des königlichen Hoftheater-Chordirigenten Kunz" beschrieben werden. Doch die Bayernhymne entstand erst gut zwei Jahre später und war ursprünglich noch nicht einmal als Hymne gedacht, sondern diente einem ganz anderen, etwas weniger staatstragenden Zweck.

Im Jahr 1840 gründete sich innerhalb des „Münchner Bürgervereins" eine eigene Liedertafel, aus der sich zwei Jahre später unter dem Schuhmachermeister Karl Stöhr die „Bürger-Sänger-Zunft" entwickelte. Der Name kam nicht von ungefähr. Ganz bewusst bezog man sich auf die mittelalterlichen Zünfte und die mittelalterliche Meistersingerschule, wie sie etwa in Wagners „Die Meistersinger von Nürnberg" eine Rolle spielt wird. Das Organ der Zunft heißt bis heute nicht von ungefähr „Der Merker", der Vorstand „Meister vom Stuhl" samt „Zweitmeister" und „Säckelmeister". Angeknüpft wurde an eine schon durch den Bürgerverein begründete Tradition, mit der ein kulturelles Forum für ein liberal denkendes Bürgertum geschaffen werden sollte. Große Münchner Handwerkerfamilien wie etwa die Develeys oder die Pschorrs waren ebenso Mitglieder der Zunft wie eine Reihe von Lehrern, Beamten und Künstlern. Viele von ihnen (darunter auch Karl Stöhr an herausgehobener Stelle) engagierten sich im sogenannten „Märzverein", der im Revolutionsjahr 1848 die Forderungen beispielsweise nach Pressefreiheit oder einer gesamtdeutschen Volksvertretung thematisierte. 1855 wurde Konrad Max Kunz musikalischer Leiter der „Bürger-Sänger-Zunft". Karl Stöhr soll ihn in Anlehnung an Goethe mit den Worten „Ein Meister, der ersann, Geselle, der was kann, ein Lehrling jedermann" willkommen geheißen haben.

Und spätestens hier kommen wir endlich auch der

Bayernhymne tatsächlich auf die Spur. Für die Zunft vertonte Kunz nämlich im Herbst 1860 das dreistrophige Gedicht „Für Bayern" des ebenfalls zur Zunft gehörenden Lehrers Michael Öchsner. Sein Text:

„Gott mit dir, du Land der Bayern, deutsche Erde, Vaterland! Über deinen weiten Gauen ruhe seine Segenshand! Er behüte Deine Fluren, schirme deiner Städte Bau. Und erhalte Dir die Farben seines Himmels Weiß und Blau!

Gott mit uns, dem Bayernvolke, dass wir unsrer Väter wert, fest in Eintracht und in Frieden bauen unsres Glückes Herd! Dass mit Deutschlands Bruderstämmen einig uns ein jeder schau. Und den alten Ruhm bewähre unser Banner Weiß und Blau!

Gott mit ihm, dem Bayern-König, Vater Max aus Wittelsbach! Über seines Hauses wölbe sich des Himmels schirmend Dach. Gott erhalte uns den Herrscher, Volkes Glück in jedem Gau, reiner Sitte, deutscher Treue, ew'ge Farben Weiß und Blau!"

Gedacht war es von Kunz zunächst als Zunftlied der „Bürger-Sänger-Zunft", das alljährlich zum Zunftfest gesungen werden sollte. Folglich wurde es auch zu deren zwanzigjährigem Stiftungsfest am 15. Dezember 1860 im Zunft-Musiksaal am Platzl in München erstmals öffentlich (oder zumindest halböffentlich, je nachdem) vorgetragen. Offenbar hat es von Anfang einen Nerv getroffen. Denn wie Timmermann zu berichten weiß, tauchte das Lied bereits wenige Wochen später in unterschiedlichen Formen und für unterschiedliche Besetzungen auf. Timmermann: „Den ersten Druck der Hymne stellte die Druckerei des Zunftmitglieds Datterer Januar 1861 in Freising her. Kunz selbst hat Exemplare mit Grüßen an viele Freunde versandt und Öchsner an viele Schullehrer, für die er mit Datterers

Hilfe eine Zeitschrift geschaffen hatte, die das Vereinsorgan des entstehenden bayerischen Lehrervereins wurde (heute BLLV) und wesentlich zur raschen Verbreitung des schon bald Volkshymne genannten Liedes beitrug."

Öchsner geriet mit seinen liberalen Überzeugungen freilich alsbald in Konflikt mit der Obrigkeit. Überhaupt muss die Enttäuschung in einer auf weitere demokratischen Reformen hoffenden Bürgerschaft groß gewesen sein, angesichts eines Königs, der diese im Grunde seines Herzens nicht wollte und sie deshalb hinaus zögerte, ja sogar versuchte, das Rad wieder zurück zu drehen. Auch der Polizeistaat Ludwigs I. war plötzlich wieder allgegenwärtig und nahm nicht zuletzt die Gesangsvereine ins Visier. Timmermann berichtet etwa von der 2004 gefundenen Akte eines Polizeispitzels, der die „Bürger-Sänger-Zunft" wegen ihrer demokratischen Umtriebe als gefährlich einstufte.

Kein Wunder also, dass Öchsner 1861 die dritte Strophe seines Gedichtes änderte, den Namen Maximilians II. daraus entfernte und mit dem Verweis auf das Königswort vom „Frieden mit meinem Volke" auch eine eindeutige Mahnung an seine Majestät einbaute. Die sogenannte „Königsstrophe" lautete nun: „Gott mit ihm, dem Bayer-König, Segen über sein Geschlecht! Denn mit seinem Volk in Frieden wahrt er dessen heilig Recht. Gott mit ihm dem Landesvater! Gott mit uns in jedem Gau! Gott mit dir, du Land der Bayern, deutsche Heimat Weiß und Blau."

Kurz darauf, am 26. Mai 1862, initiierte Konrad Max Kunz in der Münchner Westendhalle eine Verfassungsfeier zur Erinnerung an die erste bayerische Verfassung von 1818. Johannes Timmermann hat sie in seiner wunderbaren Schrift „Die bayerische Verfassungsfeier 1862 in München: eine Symphonie der Religionen" detailliert dargestellt, um nicht zu sagen: penibel rekonstruiert. Aus dem dadurch wieder zugänglichen Programm der Veranstaltung geht hervor, dass der Abend mit einem Prolog des königlichen Kämmerers und Landtagsabgeordneten Oskar von Redwitz begann, und schon dieser Auftakt ließ zumindest für die Ohren der Zeitgenossen im Saal an Deutlichkeit nichts zu wünschen übrig. Redwitz dichtete nämlich: „Ich will mit meinem Volke Frieden haben! - O unvergleichlich großes Königswort! Du segensreichste aller Königsgaben, Du unseres Bürgerglückes sichrer Hort! - O dieses Wort aus unseres Herren Munde, es weihe diese Feier segnend ein! In treuer Bürgerherzen tiefstem Grunde soll es für alle Zeit geborgen sein."

Es ist, ab ob König Maximilian nachgerade auf sein Versprechen und damit auch auf die Verfassung festgenagelt werden sollte. Nach dem Redwitz-Prolog folgte darum wohl nicht von ungefähr das Öchsner-Kunz-Lied mit der neuen, erst wenige Monate alten Königsstrophe. Und um die Sache schließlich perfekt zu machen, gab es noch eine weitere Chorkomposition von Kunz auf einen Text des königlichen Hofmedicus' Dr. Ludwig Koch. Unter dem Titel „Vater Max" wurde mit Inbrunst Maximilian I. Joseph gehuldigt und damit jenem ersten bayerischen König, der die nach wie vor gültige Verfassung von 1818 gewährt hatte. Die dritte und letzte Strophe des Liedes lautet: „Doch das, was deine Königskrone schöner als ein Lorbeer schmückt, Vater Max! Du hast vom Throne segnend reich dein Volk beglückt. Das Geschenk, das Du gegeben, der Verfassung Edelstein, wird mit deinem Namen leben, er wird stets gesegnet sein."

Noch deutlicher hätte man König Maximilian II. nicht mehr unter die Nase reiben können, was man von ihm hielt bzw. was man von ihm erwartete. Interessanter aber ist: Durch den Tenor der gesamten Veranstaltung wird eine eindeutige Verknüpfung zwischen dem Lied „Für Bayern", das zu diesem Zeitpunkt schon recht häufig gesungen wurde und relativ weit verbreitet war, und der Verfassung hergestellt. Welche Intentionen auch immer Öchsner und Kunz mit ihrem Lied verfolgt haben mögen, spätestens von da an bekam es wirklich den Charakter eines freiheitlichen, staatlichen Symbols, spätestens von da an konnte man wohl tatsächlich von einer Hymne sprechen – auch wenn es dann noch viele, viele Jahrzehnte dauern sollte, bis daraus endlich die offizielle Bayernhymne geworden ist.

„Gott mit dir, du Land der ähm..."

Unser königlicher Chordirigent Konrad Max Kunz tritt schließlich aus gesundheitlichen Gründen am 6. August 1874 einen längeren Urlaub an, aus dem er nicht mehr ans Theater zurück kehren wird. Eine Beurteilung, die Ludwig II. aufgrund Kunz' Bitte um mehr Gehalt angefordert hatte (Kunz hat die Gehaltserhöhung schließlich auch bekommen), fiel wenig schmeichelhaft aus. Darin heißt es in etwas gewundenem Bürokratendeutsch:

„Die Ursachen, aus welchen der Kunz zu keiner höheren Stellung gelangen konnte, dürften lediglich in den persönlichen Eigenschaften desselben begründet liegen, da die allerdings bedeutenden musikalischen Talente des Kunz den Mangel an allen jenen äußeren Erfordernissen, welche zur Bekleidung einer höheren Dirigentenstelle notwendig erscheinen, eben doch ein Aufzuwiegen imstande waren. Wenn schon in früherer Zeit Klagen über einen gewissen dienstlichen Schlendrian und grobes, ungebildetes Benehmen im Chorpersonale gegen den Kunz auftraten, so haben sich diese in jüngster Zeit – abgesehen von den sehr häufigen und dem Dienste nachteiligen, gichtischen Krankheitsfällen desselben – derart gesteigert, dass man im Interesse des ungestörten Dienstes schon seit Jahr und Tag gewilligt ist, für den Kunz in der Person des Choristen Schwab einen Substituten zu halten. Die nachlässige Dienstführung seitens des Kunz hat auch auf das Chorpersonal und dessen Diensteifer höchst schädlich eingewirkt, so dass von einer vollständigen Zufriedenheit der vorgesetzten Dienstbehörde mit den Leistungen des Genannten keine Rede sein kann."

Kunz stirbt am 3. August 1875 an den Folgen eines zerebralen Ödems und wird auf dem Südfriedhof in München beigesetzt. Seine Mitstreiter von der „Bürger-Sänger-Zunft" stiften für das Grab eine Marmorbüste seines Kopfes, die das Zunftmitglied Rudolf Schwanthaler oder besser: die Werkstatt Schwanthalers aus Carrara-Marmor fertigt. Der Kulturwissenschaftler Hyacinth Holland schreibt in einem Nachruf auf ihn: „Kunz war ein seltener Charakterkopf, ein biederer, wahrer Mann, ohne Falsch, kerndeutsch – deutsche Erde, Vaterland! – ein idealer Künstler, aber in rauer, fast unerträglicher Schale, eine ganz sokratische Natur, frei von aller Sucht nach äußerem Glanze, mit reicher Schöpfergabe, Originalität und tiefster Empfindung für den reinen Charakter der Kunst ausgestattet. Kein Kind des Glücks, fand er nie die ihm gebührende Muße noch die höhere Wirksamkeit, daher sein mehr als bescheidenes, ja verstecktes misanthropisches Leben."

So ganz stimmt das aus heutiger Sicht natürlich nicht. Die „höhere Wirksamkeit" hat Kunz, wenn auch post mortem, mit dem Siegeszug der Bayernhymne, mit Bayerns definiv größtem Hit, ja dann doch noch erreicht.

Sie meinen, das wäre dann doch alles übertrieben? Zu viel des Guten? Von wegen Hit und so und dann auch noch der gesellschaftlich-politischen Bedeutung? Gut, einverstanden, es stimmt schon, die Bayernhymne ist nun nicht gerade Pop (Gott bewahre!), sonderlich hip ist sie auch nicht, und wahrscheinlich wird es – da muss man sich nichts vormachen – sogar mehr Bayern geben, denen sie egal oder gar völlig unbekannt ist, als solche, die Text und Melodie tatsächlich auf die Reihe kriegen. Andererseits ist sie in der bayerischen Öffentlichkeit aber derart präsent, dass nun wirklich noch der umtriebigste Plattenmanager vor Neid erblassen müsste ob der Aufmerksamkeit, die da einem reichlich betagten Musikprodukt entgegen gebracht wird – und selbst notorische Schwarzseher in Sachen Demokratie eigentlich Hoffnung schöpfen müssten.

Jedes Grundschulkind in Bayern kommt irgendwann mit der Hymne in Berührung oder sollte es laut Lehrplan zumindest. Das Bayerische Fernsehen beendet sein Programm Nacht für Nacht mit ihr und sendet dazu Postkarten-Idylle-Bilder von bayerischen Bergen, bayerischen Seen und bayerischen Schlössern. Kein Festakt im Freistaat, keine offizielle Veranstaltung, bei der sie nicht mindestens ebenso Teil der Inszenierung ist wie die obligatorische Gebirgsschützenkompanie oder ein Vertreter der Staatsregierung. Sind die Gebirgsschützen dann zu Besuch bei Papst Benedikt XVI. in Rom, wird zum Abschluss der Visite selbstverständlich ebenfalls die Bayernhymne gespielt und gesungen.

Als Benedikt im September 2006 gewissermaßen zum Gegenbesuch eintrifft, erklingt sie zu seiner Begrüßung auf dem Flughafen in München natürlich auch. Ja, diese Bayernrundfahrt des Papstes, die erklärtermaßen so etwas wie ein Abschied von und eine Liebeserklärung an Bayern ist, ein Trip, mit dem der Pontifex noch einmal seine bayerischen Wurzeln betont („Mein Herz schlägt bayerisch!") und von dem einheimische Pressevertreter tagelang mit einer ebenso peinlichen wie journalistisch fragwürdigen religiösen Dauererektion berichten, endet schließlich sogar mit der Hymne. Noch bevor er die Gangway zu seinem Flieger hoch steigt zitiert Benedikt den Schluss der ersten Strophe: „...er behüte deine Fluren, schirme deiner Städte Bau. Und erhalte dir die Farben seines Himmels weiß und blau!"

Sinnigerweise folgte dem Besuch auch prompt eine lange

anhaltende, zum Teil heftig geführte Diskussion über den Text. Der eine oder andere mit besonders feinen Ohren will nämlich gehört haben, dass der Papst nicht wie es sein sollte „deutsche Erde, Vaterland" gesungen hat, sondern schlicht „Heimaterde". Ganz auszuschließen ist das natürlich nicht. Nach dem Zweiten Weltkrieg und dem gerade in München virulenten Nazi-Unwesen schien es aus nachvollziehbaren Gründen wenig angeraten, ausgerechnet die „deutsche Erde" zu besingen. Der Schriftsteller Josef Maria Lutz schuf deshalb eine Alternativ-Version zum Öchsner-Text, die tatsächlich Generationen bayerischer Schüler auswendig gelernt haben. „Gott mit dir, Du Land der Bayern, Heimaterde, Vaterland!" heißt es darin. Hat sich der ehemalige Flakhelfer Ratzinger also an dieser Version orientiert und eben diese „Heimaterde" auf den Lippen, während er auf Heimatbesuch war?

Erst 1980 verfügte Ministerpräsident Franz Josef Strauß übrigens per Bekanntmachung aus der Staatskanzlei, dass ab sofort wieder die ersten beiden Strophen des Textes von Öchsner gesungen werden sollten. Strauß berief sich damals auf angebliche Reaktionen aus der Bevölkerung, die hätten erkennen lassen, „dass, entgegen früherer Annahmen, die im Jahr 1966 veröffentlichte Fassung von Josef Maria Lutz in weiten Kreisen nicht bekannt ist und vor allem auch kein Verständnis für die darin enthaltenen Änderungen an der Originalfassung aufgebracht wird".

Hans Triebel, Gastwirt aus Gotzing, sieht das freilich schon sehr lange ganz anders und sammelt seit Jahren Unterschriften für eine Änderung des Hymnen-Textes. Nach dem Papst-Besuch hat das Projekt reichlich neuen Schwung bekommen, und so widmete sich auch die ehrwürdige „Frankfurter Allgemeine Zeitung" diesem zutiefst süddeutschen Thema: „In den offiziell verbreiteten

Redetexten des Papstes während seines Besuches war zwar von ‚deutscher Erde' die Rede; doch das verhinderte nicht, dass es seither kein Halten gibt im bayerischen Hymnenstreit. Da bekennen nicht nur Landtagsabgeordnete freimütig, schon immer ‚Heimaterde' zu singen – selbst auf CSU-Parteitagen. Auch veritable Minister wie Thomas Goppel lassen wissen, dass es doch ‚logisch' sei, wenn man bei der Bayernhymne an ‚Heimaterde' denke." Laut F.A.Z. setzen Triebel und seine Verbündeten im Geiste nun ganz auf Edmund Stoiber. Von ihm erhofften sie sich nämlich, dass er „die Kraft zu einem Akt der ultimativen Emanzipation von seinem Mentor Strauß findet – und die ‚Heimaterde' in der Bayernhymne verbindlich festschreibt".

Stoiber hat ihm den Gefallen natürlich nicht mehr getan. Vielleicht auch deswegen nicht, weil er mitunter so seine Probleme mit der Bayernhymne hatte. Unter der schönen Überschrift „Gott mit dir, du Land der, ähm..." berichtete der „Stern" von einem peinlichen Aussetzer Stoibers. Vom Radiosender „Antenne Bayern" gebeten, die Hymne aufzusagen, kam er über die erste Zeile nämlich nicht hinaus. „Ich sing's zwar jeden zweiten, dritten Tag", soll er laut dem Magazin erklärt haben (und wir können diese Äußerung als weiteren Beleg für die öffentliche Bedeutung der Hymne werten, weil nicht anzunehmen ist, dass sie der ehemalige Ministerpräsident einfach nur seiner Frau oder den Enkelkindern vorgesungen hat), doch scheint ihn das nicht unbedingt textsicher gemacht zu haben. Zu Stoibers Ehrenrettung muss freilich erwähnt werden, dass ihm die richtigen Worte dann doch noch eingefallen sind – nachdem die Mikrofone ausgeschaltet waren.

Zum Glück! Anderenfalls hätte man sich nämlich ernsthaft Gedanken machen müssen über seine Eignung als Ministerpräsident und als Bayer. Stoibers damaliger

Staatskanzleichef Erwin Huber, ein Mann mit Ambitionen, wie wir jetzt wissen, hatte zuvor nämlich gefordert, dass jeder seiner zwölf Millionen Landsleute die Bayernhymne parat haben müsse. „Und eigentlich sollte man den Preußen nur eine Einreiseerlaubnis geben, wenn sie die Bayernhymne in allen zwei Strophen auswendig können", witzelte Huber munter weiter.

Was bei ihm noch charmant-schlitzohrig klingt, hörte sich beim damaligen CSU-Generalsekretär Markus Söder dann allerdings schon verbissener an. In einem Interview mit der Nachrichtenagentur ddp rief er im April 2004 – noch regiert Rot-Grün in Berlin – gewissermaßen den Kulturkampf aus. Söder (im Originalton, versteht sich): „Es ist sinnvoll, auch über unsere nationale Identität und deren Symbole zu reden. Daher ist es wichtig, die Nationalhymne aber auch die Bayernhymne zu lernen und zu singen. Und dazu gehört natürlich auch, dass wir uns zu unserer christlichen Werteordnung bekennen. Für die CSU steht fest: In Klassenzimmer gehören Kruzifixe und keine Kopftücher."

Prompt hielt die Grüne Jugend Bayerns lautstark dagegen und erklärte, dass sich Söder in „nationalkonservativen Ideen" aus dem 19. Jahrhundert verzettle. „Nach Söders Vorstellungen sollen bayerische Schülerinnen und Schüler in Zukunft das Stillsitzen lernen, Hymnen singen und Kruzifixe anstarren," so der damalige Landesvorstandssprecher Christoph Wiedemann in einer Pressemitteilung. „Ob auf diese Weise die von CSU-Chef Stoiber immer wieder angemahnte Wettbewerbsfähigkeit in einer globalisierten Welt gesteigert werden kann, erscheint allerdings sehr fraglich."

Sie merken, es geht da schnell ans Eingemachte und auf verdammt dünnes Eis. Geradezu rührend wirken da im Vergleich die Bemühungen des „Bundes für Geistesfreiheit" (bfg) nach einer „weltanschaulich neutralen Neufassung" der Hymne aus dem Jahr 1997. Der „bfg" wollte das Wort „Gott" durch „Glück" ersetzen. Fortan hätte es also „Glück mit dir, du Land der Bayern" heißen sollen. Für Alois Glück, damals CSU-Fraktionsvorsitzender, ein Unding. „Als nächstes kommt dann wahrscheinlich der Vorschlag, das in Bayern übliche ‚Grüß Gott' müsse religiös neutralisiert werden", kommentierte er den Vorstoß der Geistesfreiheitlichen. Der Landtagsabgeordnete Herbert Müller von der SPD schwang sich gar zu einem holpernden Limerick auf: „Der Herr sei geistreich mit den Bayern/zur Not auch mit den geistesfreiern./Ihr Narrenstück/statt Gott jetzt Glück/im Sommerloch ist ja zum Schreien." Und der Schriftsteller Georg Lohmeier vertrat die theologisch vielleicht nicht so ganz haltbare Ansicht, dass „Gott" und „Glück" irgendwie eh dasselbe bedeuten würden.

Richtig kompliziert wird es allerdings, wenn die Hymne satirisch aufbereitet wird, wie das die Brüder Well, alias die „Biermösl Blosn", mit ihrer Dünger-Version getan haben. Dabei hat es ihr „Gott mit dir, du Land der Baywa" sogar mal in ein bayerisches Schulbuch geschafft. Oder auch nicht; das Lied war nämlich schneller wieder draußen, als es reingekommen ist ins Buch. Herbert Riehl-Heyse bemerkte dazu in der „Süddeutschen Zeitung", dass es offensichtlich Dinge gebe, „vor denen die hiesigen Schüler unbedingt geschützt gehören: Man könnte sie unter dem Oberbegriff Subversives zusammenfassen". Einerseits sei da der literarische Widerspruchsgeist, der als Kulturgut natürlich ins Schulbuch gehöre. „Andererseits ist das Mindeste, was man von einem bayerischen Widersprecher verlangen kann", so Riehl-Heyse, „dass er tot ist, wie Oskar Maria Graf oder Feuchtwanger." Und weiter:

„Nicht tot sind eindeutig die Brüder Hans, Michael und

Christoph Well, weshalb es denn auch ein großer Fehler des Metzler-Verlags war, in ‚Musikland 8' im Kapitel ‚Musik provoziert' das saufreche Lied ‚Gott mit Dir, Du Land der Baywa' passieren zu lassen, in dem – angebliche – ökologisch bedenkliche Praktiken der hiesigen Landwirtschaft attackiert werden. Rund um diese Entgleisung muss irgend etwas Ministerielles passiert sein, weil es jetzt zwei Ausgaben des selben Schulbuches gibt: eines mit dem unverschämten Biermösl-Lied und eines, in dem statt seiner auf Seite 71 ein Protestlied der Nina Hagen gegen das Fernsehglotzen zu finden ist. Die Tatsache, dass die Well-Brüder auch in dieser Ausgabe im Inhaltsverzeichnis und im Autorenregister stehen, macht den Vorgang nicht plausibler. Gott mit dir, du Land der Rätsel...“

Es war ja tatsächlich „etwas Ministerielles“ passiert. Das Kultusministerium hatte nämlich interveniert, weil in Schulbüchern nun mal keine Produkt- und/oder Firmenwerbung stehen dürfe. Es ging also gar nicht um die Bayernhymne, respektive deren Verunglimpfung, darf man folgern. Es kann aber auch nicht um Werbung gegangen sein, denn dass die „Biermösl Blosn“ für die „Baywa“ geworben hätte, lässt sich den drei Brüder nun wirklich nicht vorwerfen. Aber auch „Anti-Werbung“ hat in einem bayerischen Schulbuch offensichtlich nichts zu suchen. Dem Ministerium erschien der Text von Nina Hagens Song „TV-Glotzer“, der nun herhalten musste, dann wohl doch unverfänglicher zu sein. Dort heißt es in beißender Ironie: „Na, ich fass kein Buch mehr an, da wird mir übel! Literatur?? Kotzkotz ...“ Der durchschnittliche bayerischer Schüler wird das sicherlich leichter verstanden haben, als den kryptischen „Blosn“-Text.

Konrad Max Kunz, sollte er all' das vom bayerischen Himmel aus mitverfolgen, dürfte sich jedenfalls köstlich darüber amüsieren, wie sich seine Bayern da mit einem Lied auseinandersetzen, zu dem er zwar einerseits „nur" die Melodie beigesteuert hat, in dem aber so viel von dem steckt, was er gedacht und gelebt hat. Und gefallen dürfte ihm schließlich auch haben, dass seine Heimatstadt Schwandorf ihn, genauer: seine sterblichen Überreste 1979 gewissermaßen im Handstreich heim geholt hat.

Die Sache verhielt sich so: Kunz war in der Landeshauptstadt schlicht vergessen worden und nicht im Verzeichnis berühmter und verdienter Verstorbener eingetragen. Als von Schwandorf das Ansinnen kam, Kunz zu exhumieren und samt Grabmal in die Oberpfalz zu verfrachten, hatte man in München deshalb nichts dagegen. Im Gegenteil, die Friedhofsverwaltung schien sogar froh darüber zu sein, die Pflege der alten Grabstätte los zu sein. Am 10. Juli 1979 wurde die Exhumierung sowie der Abtransport nach Schwandorf veranlasst. Die von Rudolf Schwanthaler geschaffene Büste, ging an einen Münchner Bildhauer, der sie restaurieren und ein Duplikat anfertigen sollte – und darauf eingeschworen wurde, um Himmels willen nicht zu verraten, wessen Kopf er auf Vordermann zu bringen hatte. Als man in München schließlich realisierte, dass es der Komponist der Bayernhymne war, der da ausgegraben worden ist, war es bereits zu spät. Kein Wunder, dass in München über diese „Entführung" wütend hergezogen wurde.

Gut möglich freilich, dass auch das wieder eine Geschichte ist, die sich eigentlich auf dem Mond zugetragen hat und nur um des besseren Verständnisses halber vom Autor auf die Erde verlagert worden ist, mitten hinein nach Bayern, dem Fleckchen Erde, das mit seiner Hymne so wunderbar besungen werden kann. Darum zum guten Schluss noch einmal: „Gott mit dir, du Land der Bayern, deutsche Erde, Vaterland! Über deinen weiten Gauen ruhe seine Segenshand! Er behüte Deine Fluren, schirme deiner Städte Bau. Und erhalte Dir die Farben seines Himmels Weiß und Blau!" Die kleine Melodie in G-Dur, die unweigerlich zu diesen Worten gehört, kann hier leider nicht mitgeliefert werden. Aber Sie, liebe Leserin, lieber Leser, haben sie jetzt bestimmt im Ohr...

Anhang I:

Brief von Konrad Max Kunz an König Ludwig II. vom 3. Dezember 1870

Seit vollen 25 Jahren wirke ich am königlichen Hof- und Nationaltheater als Chordirigent. Die königliche Intendanz – damals Baron Frays – hatte mich an dieser Stelle ohne mein Nachsinnen berufen. Unter mehreren meiner Kompositionen hatte nämlich ein Hymnus an „Odin", ein zweiter an „Hertha", Aufsehen erregt, desgleichen meine Gabe in Einübung und Leitung von Chören. Baron Frays machte mir Hoffnung auf Erhöhung des Gehaltes und wahrscheinliches Vorrücken in eine höhere dienstliche Stellung. Die öffentliche Meinung bezeichnet seit dieser Zeit den Münchner Opernchor als einen der besten, häufig auch als den besten gegenüber den Opernchören in Wien, Berlin, Paris, London. Auch Richard Wagner und Hans von Bülow haben dieselbe Meinung geäußert. Es war der Ernst in meinem ganzen Tun als Komponist und Dirigent, welcher meinen Chören und Gesängen Bahn gebrochen hat, bis den Deutschen daheim, in der Schweiz, in England, Frankreich, Amerika; bis nach Australien sind sie gewandert, trotzdem, dass sie falscher Sentimentalität und Effekthascherei aus dem Wege gehen.

So nun fand mein Ehrgeiz alle Anerkennung, die er sich mir wünschen mochte. Eine Reihe von hervorragenden Männern im Staatsdienst, in der Wissenschaft, in der Kunst würdigten mich ihrer Freundschaft. Viele von ihnen schenkten mir das herzerquickende Du. An Ehrendiplomen der ersten deutschen Gesangsvereine fehlte es ebenfalls nicht. Die Hoffnung aber auf Vorrücken in eine höhere Stellung wollte sich nicht verwirklichen. Als 1854 die Stelle eines königlich-bayerischen Musikdirektors neu besetzt werden sollte, wurde es zwar, und wohl mit Grund, als eine Ungerechtigkeit betrachtet, den Mitbewerber Pentenrieder mir vorzuziehen; ebenso aber umgekehrt. Für die betreffende Stelle wurde berufen Herr Kapellmeister Meyer aus Stettin. Noch zeigte sich eine Hoffnung. Kapellmeister Aiblinger war altersschwach und hinfällig geworden. Bei Lebzeiten des verehrten Greises und väterlichen Freundes Schritte zu tun verbat mir die Pietät. Aber vor seinem Hinscheiden trat Herr Kapellmeister Müllner aus Düsseldorf an seinen Platz. In die Arbeit dieses Ruhepostens hatten sich bis daher die Herren Generalmusikdirektor Lachner und Musikdirektor Meyer geteilt, und wohl keiner von beiden eine Erleichterung dieser ihrer Nebenbeschäftigung gewünscht.

So hatte nun Zeus diese Welt weggegeben und mein irdischer Himmel war eingepfercht wie vorher. Die Liebe zur Heimat hatte mich in München festgehalten, das Bewusstsein strenger Pflichterfüllung und die darauf gebauten Hoffnungen fanden nicht den gewünschten Erfolg. Die Worte seiner Majestät König Maximilians II.: „Diesen Mann will ich mir merken, wenn er mir unter die Feder kommt" (es dauerte wohl zu lang, wenn ich die Ursache dieser Äußerung erzählen würde) hat mir Herr Staatsrat von Pfistermeister gehört; eine praktische Folge haben sie nicht gehabt. Jetzt nun, nachdem jede weitere Hoffnung kein Ziel mehr sieht, hat mich die harte Tatfreudigkeit gezwungen, vor das Antlitz Eurer Majestät mich zu wagen. Im Jahre 1845 trat ich meine Stelle als einen Warteposten an mit 500

Gulden, dem Betrage der jetzigen Besoldung eines Chorsängers der dritten, vorletzten Klasse nach unten. Im Jahre 1846 erhielt ich 800 Gulden, mit welchen ich beteiligt bin beim Pensionsverein. So dauerte es lange Jahre. Erst in der letzten Zeit erhielt ich nach und nach eine Funktionszulage von 300 Gulden, welche indessen für eine etwaige Pensionierung nicht in Anschlag kommen. Der Geldwert ist seit 1846 – wohl eine lange Reihe von Jahren, reich an Ehren, Mühe und Verdruss – um 50 Prozent gefallen. Die Anforderungen des Dienstes aber vermehrten sich dergestalt, dass ich Nebenverdienste durch Unterrichtsstunden abweisen und wegen fortwährender Veränderung der Opern-Tage auch die Leitung eines Gesangsvereins mit Verzicht auf 150 Gulden jährlich vor zwei Jahren aufgeben musste.

Noch bin ich kräftig und diensttauglich genug, um eine Reihe von Jahren in der bisherigen Weise fortwirken zu können. Würde ich jetzt pensioniert, um vielleicht einem protegierten Bewerber um meine Stelle Platz zu machen, so erhielte ich 480 Gulden. Die Pension, die ich überhaupt erreichen könnte, würde 560 Gulden betragen, 140 Gulden weniger, als die Besoldung eines Chorsängers erster Klasse – eine traurige Aussicht auf ein trübes Alter, während das Aktivgehalt doch auch keine Ansammlung von Kapitalien gestattet, die eine Rente gewähren könnten. Wohl mancherlei könnte ich noch anführen, was ich zu Ehren der ersten drei Könige des erhabenen Hauses Wittelsbach als Komponist und Dirigent geleistet habe. Ich darf sagen: es ist nicht aus Geldgier geschehen, sondern aus innerem Drang, denn sonst hätte ich nicht 28 und neuerlich zehn Jahre davon geschwiegen.

Nach dieser Vorlegung wage ich nun an Euere Majestät die alleruntertänigste, treugehorsamste Bitte: Mein

Aktivgehalt den seit 1846 veränderten Geldverhältnissen entsprechend auf 1200 Gulden – das ist um 100 Gulden mehr, als ich in den letzten Jahren bezog – zu erhöhen, und, was ja auch den anderen Opernmitgliedern alleruntertänigst gewährt wurde, mit dem also vermehrten Betrage im Pensionsverein eingezeichnet zu werden. Denn selbst in diesem falle würde meine Pension nicht mehr als 840 Gulden betragen – Grund genug auszuhalten solange die Kraft irgendwie ausreicht und jeglichen Verdacht zu beseitigen, eine vorzeitige, nicht gerechtfertigte Untauglichkeit zu heucheln. Indem ich Eurer Majestät voller Hoffnung und Vertrauen diese meine Bitte zu Füßen lege, ersterbe ich Euerer königlichen Majestät alleruntertänigster, treugehorsamster Konrad Max Kunz, Chordirigent am königlichen Hof- und Nationaltheater.

Anhang II:

Die Stiftung der Moos-Gau-Sängergenossenschaft Moosgrillia

Eine Festschrift
von
Konrad Max Kunz

München, 1866

Die hier erzählte Geschichte hat sich eigentlich auf dem Monde abgewickelt. Nur um sie dem menschlichen Verständnisse näher zu rücken, hat der Autor ihren Schauplatz auf ein kleines Fleckchen deutscher Erde verlegt. Dieses Fleckchen ist das Dachauer Moos. „Moos" bedeutet im oberbayerischen Dialekt so viel als „Moor". Das Dachauer Moos liegt etwas über eine Meile nordwestlich von München. Die vorkommenden Ortsnamen findet man teils im Moose, teils in dessen Nähe. Der Ausdruck Moosgau wurde den Sängern zu Liebe gebildet; üblich ist er nicht.

Der Verfasser

Für den Kulturhistoriker ist es ohne Zweifel von hohem Interesse zu beobachten, wie sich die Lust am Männergesange und seine Pflege in immer weiteren Kreisen verbreitet und allenthalben kräftige Wurzeln schlägt im deutschen Vaterlande. Das Panier des Männerchores wird demnächst auch im Dachauer Moose sich erheben. Bereits haben sie getagt: Moosach, Ludwigsfeld, Karlsfeld und Feldmoching. Eine „Moosgau-Sängergenossenschaft" wollen sie gründen, „Moosgrillia" soll sie heißen. Die Sache wurde mit profundester Gründlichkeit angefasst, ein Schriftführer aufgestellt, und Tafel- und Säckelmeister bestimmt. Als musikalische Kapazität war beigezogen der Herr Chorregent von Ebenau.

Zuvörderst pflog man Erhebung über Sängerzahl und etwa schon eingeübte Gesänge. Das Resultat fiel über Erwarten günstig aus. Moosach stellt einen Sekund-Tenor, desgleichen Karlsfeld; Ludwigsfeld zwei Prim-Bässe; Feldmoching bis jetzt nur passive Mitglieder – keine Stimmen. Die Anfänge des Repertoires erwiesen sich in Bezug auf musikalisch-ästhetische Richtung sehr bedeutsam, und namentlich vollkommen zeitgemäß. Das „Schuhdrücken" kennen sie alle; der Sekund-Tenor von Karlsfeld hat größten Respekt vor den „schönsten Augen", die ihn zu Grunde gerichtet; der von Moosach, wenn er heiser ist, weiß auch auf dem Flageolott ausdrucksvoll die Melodie wiederzugeben: „Ich möchte sie wohl, ach nur ein einzig's Mal." Das gefällt der großen Wirtsmagd am Besten.

Nun schritt man zur Wahl eines Vororts. Sie drohte beinah' zum Unheil der jungen Verbrüderung auszuschlagen, denn von drei Seiten erhoben sich Ansprüche auf die neue Würde, unterstützt von den gewichtigsten Gründen. Moosach vorab gab zu bedenken, dass es zunächst an der Residenz, sowie an der alten Haupt- und Handelsstraße nach Schwaben liege; Ludwigsfeld suchte geltend zu machen, dass es genau die geometrische Mitte einnehme zwischen Karlsfeld und Moosach, was doch in Rücksicht auf den Probenbesuch sehr in die Wagschale fallen müsse; Feldmoching endlich betonte mit Nachdruck seine Lage am weltverbindenden Eisenstrang und die Größe seiner Gemeinde, welche unter allen anderen die meisten bürgerlichen Gewerke in sich fasse: zwei Schneider, zwei Krämer, den oberen und den unteren; dazu den Wagner, der ein sehr patriotischer Mann sei, den Schmied und den Wirt. Letzterer müsse ganz besonders genannt werden von wegen seiner neuerbauten gedeckten Kegelbahn, so schön und geräumig, wie keine zweite im ganzen Gaue.

Die etwas bissige Bemerkung Moosachs, dass ja Feldmoching der „Moosgrillia" gar keinen Sänger zuzuführen vermöchte (Rufe: „Sehr wahr!") brachte den Angegriffenen, den Herrn Doktor und praktischen Arzt von Feldmoching, nicht im Mindesten außer Fassung. Zwar, mit seinen musikalischen Fähigkeiten mochte er nicht prahlen. Auf der Geige hatte er als Knabe immer daneben gegriffen, als Student regelmäßig die Kneiplieder gestört durch die Eigentümlichkeit seiner Intonation; dasselbe Pech verfolgte ihn später bei Einübung des Chorals im Noviziat, in welches ihn die Tücke eines pandestenteuflischen Examinators geschleudert, aus welchen ihn dann der obligationenhaltige Strohsack seiner in Gott ruhenden Base erlöst hatte.

Aus Rache, und weil er sich von ihrer Wirkung keine Rechenschaft geben konnte, erklärte er seinerseits die Musik für eine dämonische Kunst und hasste sie gründlich, wenigstens die „Kunstmusik", wie er sie nannte. Aber die Sänger waren ihm recht, zumal wenn sie nicht sangen. Ihre Umgebung bot ihm sicheren Schutz gegen die galligen Expektorationen des Chorregenten; unter ihnen konnte er in seine Studentenzeit sich wieder zurückversetzen, nach Lust und Laune politisieren und mit der Überlegenheit seiner Intelligenz brillieren. Daher der Eifer und die Art seiner Beteiligung am Stiftungswerke. Die Herausforderung des Moosachers kam ihm gerade recht.

„Allerdings", so begann die Replik, „Sänger vermag Feldmoching der ‚Moosgrillia' keinen zuzuführen. Die verehrten Gaugenossen zählen dagegen wohlgezählt zwei Sekund-Tenöre und zwei Prim-Bässe. Zwei halbe Quartette, in der Tat! Aber so wenig diese zwei Hälften ein ganzes zu bilden vermögen, so wenig Freude auch wird der Verein an seiner musikalischen Reputation erleben, insolange er nicht etwa die Mittel votieren will, behufs einer künftigen Sängerfahrt zwei flotte Prim-Tenöre und detto Sekund-Bässe zu engagieren. Indes setzen wir den Fall, Ludwigsfeld zum Beispiel erhielte die Stimmenmehrheit als Vorort; denn es hat seine Bewerbung offenbar triftiger motiviert als Moosach. Ohne alle prophetische Begabung lässt sich behaupten: Trotz seiner geometrischen Mitte wird es doch nur sehr wenige Proben erleben; die schlechte Jahreszeit wird auch den heißesten Eifer abkühlen, und in der schönen ist es ja doch niemanden zuzumuten, sich schulmeistern zu lassen.

Wozu aber überhaupt die Plackereien mit den Proben? Und erst der drohende Zwiespalt mit der Wahl der Gesänge! Nehmen wir nur zum Beispiel die sogenannte klassische Richtung. Ja, die Klassiker! So lange sie leben, dedizieren sie den Liedertafeln ein Heft ums andere, und wenn sie tot sind, mokieren sie sich über dieselben. So hat es erst kürzlich Felix

Mendelssohn gemacht in seinen hinterlassenen Briefen, und gerade so werden es auch seine Nachtreter machen, samt und sonders, so viel' ihrer sind.

Zum Glück hat das alles wenig zu bedeuten. Nicht das Einüben und Singen von Männerchören ist die Hauptsache im Liedertafel-Leben, jedenfalls nicht in dem Grade, als man wohl glauben möchte – sonst wäre man gewiss nicht so eifrig schon auf Ersatz bedacht gewesen. Wenn aber die Männergesangsvereine größerer Städte in der ganz richtigen Erkenntnis, dass das ‚deutsche Vaterland' und ‚O bete auch für meine Ruh" auf die Dauer doch nicht vor Langeweile schützen; wenn diese vielbelobten Vereine Sängerinnen, Deklamatoren und Virtuosen zur Mitwirkung berufen und ihnen Ehren und Geschenke darbringen gleich Wesen höherer Ordnung, so dürfen auch wir an Kräfte denken, die nicht gerade Tenor oder Bass singen.

Und wir haben solche Kräfte. Die Jodlerin von Allach wird stets gerne gehört; unser überall gepflegtes Zitherspiel mag leicht Geige und Klavier ersetzen – ist es doch schon längst salonfähig geworden; die Gabe, mit Schnurren, Schwänken, Erzählungen und weisen Rätseln das Herz zu erfreuen, findet sich auch im Moose; die Kunst auf dem Blatt zu pfeifen ist nicht selten im Gau; und neben unserm Flageolott von Moosach gibt es wohl auch noch eine Klarinette, eine chromatische Trompete, eine Posaune. Welch' eine Fülle von Mitteln! Mit Umsicht verwendet emanzipieren sie uns von den Klassikern samt ihren Gegenfüßlern, und ermöglichen es, all' unser Augenmerk auf die sozialen Interessen des Vereins zu konzentrieren.. Hoffentlich wird nun genüglich dargetan sein, was in den Männergesangsvereinen die Hauptsache nicht ist, oder doch nicht die ausschließliche. Zudem: hohe Tenöre und tiefe Bässe, das pium desiderium so vieler Männerchöre, zählt ja die ‚Moosgrillia' selbst nicht in ihrer Schaar, und Mittelstimmen sind doch augenscheinlich genug vorhanden, besonders im Verhältnis zu den Außenstimmen. Oder soll Feldmoching allein dazu verhalten werden, den leidigen Mangel zu decken? Wenn diese Frage billigerweise nicht bejaht werden kann, so möchte es wohl ziemlich gleichgültig sein, ob Feldmoching der ‚Moosgrillia' Sänger zuführt oder nicht. Dagegen bietet es ungleich Bedeutenderes als Morgengabe seines Brästigiums; es bietet Potenzen, die auch anderwärts neben, ja über dem pur Vokalen sich bewährt haben – sie heißen: Intelligenz und Repräsentation! Nun wählt!!"

Überwältigt von der überzeugenden Kraft der Deduktion stimmte ganz Karlsfeld für Feldmoching – Ludwigsfeld folgte, und Moosach, das isolierte Moosach, ließ sich nach einigem Zureden seitens der großen Wirtsmagd bundesfreundlich majorisieren. Jedoch konnte es nicht umhin eine kleine Ranküne an dem glücklichen Konkurrenten zu üben und stellte sofort an Feldmoching die Frage: wie dieses seine Intelligenz nebst Repräsentation zu betätigen gedächte und was denn endlich im Männergesangtum Hauptsache sei? – Die Antwort erfolgte ohne Zögern. Sie schuf der „Moosgrillia" eine Zukunft, so glanzvoll, dass selbst Moosach seinen heimlichen Groll fahren ließ mitsamt dem vorgehabten Anspruch auf Alternierung im Vorsitz.

„Wenn ein neuer Gesangverein sich bildet, so ist die Hauptsache: die Anschaffung einer Sängerfahne; sodann Feste, Feste, und zwar so viele Feste, dass zwischen ihnen gar keine sauren Wochen mehr eingeschaltet werden können. Die hoffentlich unendliche Reihe dieser Feste beginnt am natürlichsten mit dem Feste der Fahnenweihe. Vor allem also: Eine Fahne her! Im Besitz einer Fahne hat der Verein überhaupt etwas zum Hochhalten; im Besitz einer Fahne mag der Verein sich dreist erheben über die Köpfe, welche unter dem Präterte musikalischer Ausbildung ihren Schulzwang auch Schulzwang auch über selbständige Männer zu verhängen suchen; im Besitz einer Fahne wird der Verein wirklicher Koeffizient der sechsten Großmacht, öffentliche Meinung geheißen; im Besitz einer Fahne darf der Verein an jedem deutschen Sängerfeste teilnehmen, die deutsche Bruderhand drücken und drücken lassen, den deutschen Bruderkuss tauschen mit deutschen Männern aus Ost und West, von Süd und Nord, vom Belt bis zur Adria, von der Memel bis zum Rhein, kurz von allen erdenklichen geographischen Linien, die sich nur kreuz und quer über Deutschland ziehen lassen, und darüber hinaus, so weit die deutsche Zunge reicht! Er kann sich lassen einquartieren, kann mit bankettieren, toastieren, sich versenken ins Meer der Liebe zum ganzen, großen, einigen, ungeteilten deutschen Vaterlande, dann holdseligen Frauen und Jungfrauen ins Auge schauen, Kränze und Blumensträuße erobern, Sängerzeichen wechseln und all alle diese Herrlichkeiten teil in der Erinnerung, teils wirklich und leibhaftig mitbringen in die engere Heimat, den Zurückgebliebenen zum Neide und zum Stolze!!"

Auf diese Rede klapperten die Krüge aneinander, und gegenseitiges Händeschütteln besiegelte des fest geschlossenen Bund. Noch im ersten Taumel der Freude beriet man die Anschaffung der nun so ersehnten Fahne. Farbe, Form, Größe, Zeichnung, Sängerzeichen, Symbol, Genossenschaftssiegel, Vereinsdiener, Wahlspruch, Tragband, Fahnenträger – alles wurde bunt durcheinander diskutiert. Feldmoching brachte endlich Licht und Ordnung in dieses Wirrsal. „Gerade die Hauptsache wieder ist noch gar nicht berührt worden. Erwägt doch, verehrte Freunde, wollt ihr eure Fahne hoch, das heißt wirklich und wörtlich hoch halten und zu einem Sängerfeste tragen, so kann das nächste Ziel eurer Sorge nichts anderes sein, als eine Stange; eine Fahnenstange nämlich. Rücken wir der Sache praktisch näher! Bereits wurde Erwähnung getan eines sehr patriotischen Mannes, des Wagners von Feldmoching. Dieser besitzt just jetzt eine Eisenstange, lang genug, um die künftige Fahne hoch halten zu können und stark genug gegen Sturm und andere Unbill, die ihr etwa widerfahren möchte. Konkret ausgedrückt beträgt ihre Länge zwölf Zoll bei einem Durchmesser von zweidreiviertel am dickeren Ende. Die Erwerbung eines so soliden Inventarstückes bietet jedenfalls ausreichende Sicherheit gegen den allzeit wachen Spott, der vielleicht auf eine willkommene Gelegenheit lauert, dem Vereine zum Tort das Lied anzustimmen: ‚Die Fahnenstang' ist 'brochen, Jetzt gehen's mit dem Trumm.'

Heilig große Opfer, um mit dem Dichter zu reden, wird fragliche Aequisition allerdings nicht erheischen, aber immerhin Opfer, obschon der Wagner vermöge seines Patriotismus nur zwölf Laubtaler beansprucht.“ Die Summe von zwölf, sage zwölf Laubtaler = 32 Gulden, 24 Kreuzer rheinisch = 18 Taler, 15 Kreuzer, fünfeinhalb Pfennige preußische Cour. machte die Gesichter ziemlich bedenklich. Eine Kollekte schien nicht ratsam; noch weniger, bei dem schlechten Stande so vieler Papiere, eine Emission von Aktien. Endlich fanden die Tenori Rat in dieser Not. Die herrlichen drei Lieder „Das Schuhdrücken“, „Die schönsten Augen“ und „Ich möchte sie wohl“ seinen nun bereits geistiges Eigentum des Vereins geworden. In ihren Melodien sei dem herrschenden musikalischen Ausdrucke einer Seite der Zeitströmung volle Rechnung getragen. Eine Spekulation auf das, was die Zeit will, verspreche immer Aussicht auf lukrativen Erfolg. Also lasse man die genannten

Lieder unter dem Titel „Liederschatz der Moosgrillia, Heft 1“ lithographieren und mache sie zu Gelde. In Betreff des kaufmännischen Vertriebs könne man sich an Liedertafeln wenden, welche in Nachdrucksachen schon Erfahrung haben, zum Beispiel - - - -. Ergebe sich ein Überschuss, so solle man diesen als Grundstock-Kapital anlegen und die Zinsen fort und fort admassieren, um im Laufe der Zeiten auch zur Erbauung einer Sängerhalle, eines „Moosgrillienhauses“, schreiten zu können.

Feldmoching zollte dem Plane vollen Beifall. Nicht so Ludwigsfeld. Wo drucken lassen? In München? In Augsburg? In Landshut? Welche Umständlichkeit! Dazu der Versand, das Porto, der Inkasso! Viel kürzer wäre es, in einer ad hoc geeigneten Nacht, ohne Vorwissen des Wagners, und mit Vermeidung jeglichen Aufsehens von besagter Eisenstange einfach Besitz zu ergreifen. Beati possidentes.

Feldmoching schüttelte warnend das Haupt. Der Artikel Soundsoviel des bayerischen Strafgesetzbuches stelle der angeratenen Beatification eine sehr unangenehme Eventualität in Aussicht – Arrest bis zu 42 Tagen oder eine Geldbuße bis zu hundertfünfzig Gulden! Mühseliger freilich wohl, dafür aber desto unbedenklicher scheine der erstbezeichnete Weg. Ein gemeinsames deutsches Gesetz gegen den Nachdruck von Musikwerken existiere dermalen noch nicht und werde auch schwerlich vereinbart sein, ehe das „Moosgrillienhaus“ unter Dach steht. Bis dahin genüge es, in den Einzelstimmen des „Liederschatzes“ etliche Veränderungen anzubringen, bestünden diese auch nur in Druckfehlern, an welche man in derartigen Editionen ohnehin gewohnt sei; ob man richtige Noten falsch oder falsche Noten richtig singe, das komme doch zuletzt auf Eins heraus. Nur frisch gesungen! Immer nur frisch gesungen!

Die Zeit war mittlerweile ziemlich vorgerückt; die Sonne neigte sich dem Untergange zu, während schon der Vollmond den Rand des Himmels schmückte. Aber die Geister besaßen noch Spannkraft genug, um wenigstens über Fahne und Fahnenweihe eingehend debattieren zu können. Für die Fahne hatten Moosach, Karls- und Ludwigsfeld zusammen vier verschiedene Projekte, deren jedes mit Eifer und Überzeugung verteidigt wurde. Zuletzt wieder nahm Feldmoching das Wort. „Ein Banner von weißem Atlas mit dem Bilde einer Moosgrille – das ist bis jetzt Wille der Majorität. Mit Recht.

Die Moosgrille nistet bei uns im Dachauer Moose, sie nistet auch an den fernen Gestaden der Nordsee und kann somit als eine geflügelte Botin betrachtet werden für die gemeinsamen Gefühle im deutschen Süden und Norden. Noch ein Grund spricht für die getroffene Wahl, ein sehr triftiger. Nach dem Ausspruche des Herrn Chorregenten ist die Moosgrille der musikalisch interessanteste Vogel des Gaues, und zwar vermöge der höchst eigentümlichen Tonleiter, mit welcher sein Gesang jedes Mal anhebt. Seine Tonleiter besteht aber nicht (wie hier nur beiläufig notiert wurde) aus halben, sondern aus lauter Zwölfteltönen, die der kühne Sänger unter fortwährenden Tremolo von unten nach oben prestissimo durchstürmt. So feine Tonunterschiede hat selbst das enharmonische Klanggeschlecht der alten Griechen nicht gekannt, wie wundersam auch die Berichte lauten über die Wirkungen ihrer Musik – Berichte, die um so unverdächtiger genannt werden müssen, als sie von ihnen selbst herrühren und weder durch ägyptische, phönizische oder persische, noch auch durch hebräische damaliger Zeit entkräftet werden. Demzufolge qualifiziert sich unser Bannervogel als Träger eines völlig neuen Tonsystems, dessen Verwertung für den weiteren Fortschritt der

Tonkunst über kurz oder lang sich um so zwingender herausstellen wird, als der Drang und die Lust, durch Wiedererweckung des Prinzips der unendlichen Melodie unter absoluter Herrschaft unablässigen Tonartwechsels nicht-absolute Musik zu erzeugen' intensiv und extensiv überhand nimmt."

Die geschickte Reproduktion seiner gelegentlichen Mitteilungen schien dem Chorregenten viel Vergnügen zu machen. Die Übrigen schauten verdutzt einander an. Die Emanation vorortlicher Intelligenz war zu plötzlich und platzregenartig erfolgt, als dass sie in ihren Köpfen sofort zu klaren Begriffen sich hätte kristallisieren können. Das Nichtverstandene ward ihnen Gegenstand tiefsten Respekts. Der sollte womöglich sich noch steigern, denn Feldmoching begann zu erläutern, beiläufig wie folgt:

„Es handelt sich…"

Die ganze Auseinandersetzung, viel zu lang für das rasche Fortschreiten unserer Handlung, findet sich im Anhange dieser Schrift. Ein donnerndes Hoch folgte dem hochinteressanten Vortrage. Feldmoching, höchlichst befriedigt vom errungenen Erfolge und nun voller Zuversicht auf unbedingte Zustimmung zu allen seinen Vorschlägen, perorierte weiter:

„Es sei nun auch mir verstattet, das Bild des künftigen Banners weiter auszuführen. Einige Zolle unter der Moosgrille erblickt man ein Häuschen zierlich, wie zum Trocknen aufeinander gelegter Torfziegel. Um Vogel und Torf schlingt sich ein Kranz von der immergrünen Bärlappe – Lycopodium clavatum – aus welchem die tiefstblauen und goldgelben Blüten des Enzians – Gentiana acaulis – und der Engelblume – Trollius Europaeus – hervorleuchten. Oberhalb des Kranzes stehen die Worte: ‚Moosgau-Sängergenossenschaft Moosgrillia'; unter dem Kranze (bezugnehmend auf das charakteristische Hauptprodukt des Mooses, den Torf) der Bannerspruch: ‚Ex humo per fumum ad astra', auf deutsch: 'Aus dem Boden durch den Rauch zu den Gestirnen'. Die Buchstaben sind Goldstickerei.

Die andere Seite des Banners zeigt den deutschen Reichsadler und den bayerischen Löwen in einer heraldisch noch nicht existierenden Zusammenstellung. Beide Figuren werden durch einen verborgenen Mechanismus beweglich (praktikabel) gemacht. Der Löwe, dessen gespaltener, ausgeschnittener Schweif als Schwengel aus dem Banner heraus ragt, beleckt liebevoll den Doppel-Aar; dieser, in dankbarer Rührung, krault mit seinen Fängen den Löwen hinter den Ohren; der Löwe hinwieder bezeigt seine behagliche Empfindung durch anmutige Bewegungen des Doppelschwanzes. Die mechanische Vorrichtung gewährt den unschätzbaren Vorteil, dass bei Vivats, Bravos, Toasten oder Reden, mit denen der Verein zu sympathisieren vermag, die ganze Gruppe in Bewegung versetzt werden kann – was im gegenteiligen Falle unterbleibt.

Die Sorge für Anschaffung des Banners ist, wie auch anderwärts, den Frauen und Jungfrauen des Gaues zu überlassen. Die Farben für das Sängerband sind auf der zuerst geschilderten Bannerseite bereits vorhanden. Der Torf unter der Moosgrille und die Blumen des Kranzes ergeben ganz ungezwungen die Trikolore: Braun, Goldgelb, Blau." Dem Redner hastig ins Wort fallend, bezeichnete es der Tenor von Karlsfeld schon jetzt als äußerst dringlich, dass sobald als möglich in Stand gesetzt und verbindlich gemacht werde, zu künftigen Sängerfesten wenigstens ein Dutzend Ellen dieses Bandes mit sich zu nehmen, um alle nur vorkommenden Sängerzeichen dagegen eintauschen zu können. Wenn diese in ausreichender Menge Brust, Arme und nötigenfalls auch den Rücken bedecken, so erziele man durch solchen Schmuck eine unverkennbare Ähnlichkeit mit Papageno, dem lustigen Vogelfänger, und damit sei auch den Mannen Mozarts genüge getan.

Der ganze Vorschlag samt Zusatz wurde fast unverändert akzeptiert. Eine nicht unwesentliche, von Ludwigsfeld eingebrachte Modifikation wollte nämlich, dass die Moosgrille aus dem Kranze entfernt und an ihrer Stelle der Bannerspruch gesetzt werde; die Wechselbeziehung von Torf und Spruch träte so deutlicher hervor. Die Moosgrille selbst aber solle ihren Platz finden hoch oben auf der Spitze der Fahnenstange, und zwar, bis es gelänge, ein plastisches Kunstwerk anzuschaffen, eine wirkliche Moosgrille, ausgestopft, mit ausgespreizten Flügeln und mit hell blitzenden Augen aus der weitberühmten Glashandlung von „23 Karl Hildebrand 23, Löwengrube, München", auf dass sie keck um sie schauen könne, wie weiland glaukopische Pallas Athene. – Alle blickten fragend auf Feldmoching; dieses nickte freundliche Zustimmung, welche denn auch allseitige Befriedigung hervorrief.

Nun erklärte aber der Chorregent, die Heimkehr nicht länger aufschieben zu können, und unterbreitete der Versammlung seine Vorschläge über Bundeslied und Komposition des Bannerspruchs. Zuerst das Bundeslied: Eine Huldigung an die Tondichter deutscher Nation solle den Text bilden, der nach einer im Moose allgemein verbreiteten Volksmelodie zu singen wäre. Um jede Stimme doppelt besetzen zu können, empfehle er den naturwüchsigen zweistimmigen Satz. Zur Steigerung des Effekts wären durch Kooptation auch nicht-musikalische Sänger beizuziehen, solche besonders, welche Kopfstimme – Falsett – besitzen. Diese könnten das ewige Einerlei des Männerchores auf eine wirksame Weise unterbrechen, indem sie sich als Kontrapunktisten aus dem Stegreife bewährten. Und weil die Melodie schon so, wie sie vorliege, durch die rhythmisch-irreguläre Wiederholung des dritten Taktes die viertaktige Periode in eine fünftaktige ausweite, so biete eine noch öftere Repetition dieses dritten Taktes dem Vereine die vielleicht erwünschte Gelegenheit, allen Richtungen des Männergesanges in seinen Tonsetzern gerecht zu werden. Das Bundeslied würde demnach folgendermaßen lauten:

„Es lebe der Marschner, der Abt und der Stuntz! Es leben die Zöllner, der Zelter, der Kunze, der Kunz! Es lebe der Gluck und der Mozart, der Weber, der Kreutzer, der Otto, der Spohr! Und wer nicht so schön setzt, der kann nichts, der kann nichts davor.“

Die Komposition des Bannerspruchs sei jedenfalls der Konkurrenz anheim zu geben; die sinnvollen Worte: „Ex humo per fumum“ können nicht verfehlen, unsere Tonsetzer schöpferisch anzuregen. Ein Spruch in griechischer Sprache würde freilich origineller, pikanter, drastischer gewirkt und die griechischen Schriftzeichen in Goldstickerei sich prächtig ausgenommen haben. Indessen sei auch der lateinische voller Kraft und Wohllaut und gewiss ein dankbarer Vorwurf für den Komponisten. Dieser habe vor allem Bedacht zu nehmen, den „Cantus firmus“ (die Hauptmelodie) der kräftigsten Stimme des Vereins anzupassen, Herrn Brülling, Prim-Bass von Ludwigsfeld, welcher über einen Tonumfang gebiete von klein „c“ bis eingestrichen „cis“. (Herr Brülling ließ sich sogleich vernehmen: „Ho – Ho!“)

In dem Konkurrenz-Ausschreiben möge man ferner verlangen, dass die prägnantesten Stellen aus den Lieblingsliedern von Moosach und Karlsfeld der neu zu schaffenden Komposition einverleibt würden. Als Muster diene „Der kleine Rekrut“, in welchem Meister Kücken die

Ineinsbildung der Melodien „Helden lasst die Waffen ruhen"
und „Ist denn gar kein Weg, ist denn gar kein Steg" mit
großer Geschicklichkeit bewerkstelligt habe. Der Sekund-
Tenor von Moosach könne in Anbetracht seiner schier
permanenten Heiserkeit als Flageolettist verwendet und die
beiden anderen Sämger als Brummstimmen behandelt
werden. „Während sonach das Flegeolett die gewünschten
Phrasen pfeift und Herr Brülling ‚Ex humo' intoniert, stehen
die dritte und vierte Stimme dabei und machen
‚Mmmmmmmmmm' – ganz so, wie der schwer
dahinwandelnde Stolz des ländlichen Besitzes im Stall und
auf der Wiese... – Die Anwendung von Brummstimmen hat
zwar in Deutschland ihre Gegner; sie ist aber
nichtsdestoweniger eine ächt germanische Erfindung, für
welche man, und zwar diesseits der Alpen, sogar einen schön
klingenden wälsischen ‚Terminus technicus' erfunden hat:
‚Con bocca chiusa', auf Deutsch: ‚Mit geschlossenem
Munde'. Dem inländischen Tadel gegenüber steht gottlob
das Lob des Auslandes. Die deutsche ‚bocca chiusa' hat sich
bei unsern Nachbarn an der Seine wie bei unsern
Stammesvettern, den ultrakanalischen Wollsäcken, immer
des aufrichtigen Wohlgefallens zu erfreuen gehabt, und ist –
abgesehen von St. Petersburg und Sankt Peters Burg –
neuerlich selbst in Berlin und Wien wieder ein verlangter
Artikel geworden; ja, man kann sie geradezu ein
europäisches Bedürfnis nennen. Das mag genügen, die
Verwertung ihrer Zauber für den Bannerspruch zu
empfehlen."

Mit flüchtigem Gruße eilte der Chorregent hinweg. In der
Hausflur wäre ihm beinahe ein Unglück begegnet. Durch
einen raschen Seitensprung entrann er jedoch dem vollen
Fasse, welches eben durch die Türe herein rollte. Der wohl
bekannte Schall unterbrach drinnen den Anfang einer

schönen Rede. „Frisches Bier ist angekommen, direkt vom Keller her!" Neu flammten die Lebensgeister auf. „Alles muss in dieser Nacht noch zum Beschlusse reifen!" „Wenigstens Fahnenweihe und Festredner!" „Und die Festjungfrauen!" „Sie dürfen am allerwenigsten fehlen! Aber in der alten Dachauer Tracht wollen wir sie sehen, ohne die Kittel-Verunstaltung, welche eine frömmelnd-polizistische Zeit erzwungen und den ganzen weiblichen Gau krummbuckelig gemacht hat!" „Ah, das ist ein glücklicher Gedanke. Schmollis, Herr Doktor!" Die ganze Stadt strömt heraus zu uns, wenn diese Idee Fleisch und Bein bekommt!" „Und die Statuten, der ‚Codex Moosgrilliae'!" „Codex! Codex! Ein Blatt Papier wäre schon zu viel zwischen uns und unserm jeweiligen Belieben! Freier Sänger, freie Hand – das ist der rechte ‚Codex Moosgrilliae'!" „Reden wir lieber von der Fahnenweihe, das ist erquicklicher. Die Fahne hätten wir bereits, fehlt also nur die Weihe. Meine Herren!! Ich stelle die Frage: Wer soll Bannerpate sein?" – „München!" – „München hoch!" – „Nein, Augsburg!" – „Augsburg hoch! Viermal hoch!" – „Wir zwei meinen, Freising oder Landshut!" – „Freising und Landshut auch hoch!!"

Der Doktor brummte: „Es ist immer die alte Geschichte: ‚Si concio vocetur, quae pauci incipiant reliquos adstrepere.'"

„Deutsch! Deutsch!"

„Deutsch! Das ist leicht gesagt. Wohl hat der alte Historiker unter allen seinen Kollegen den meisten Respekt vor der deutschen Nation – und doch sträubt gerade er sich am hartnäckigsten gegen das deutsche Gewand. Doch halt! Einer unserer gewandtesten Poeten hat uns ja die angezogene Stelle in treffliche Trochäen übertragen: ‚Willst Du immer weiter schweifen? Sieh', das Gute liegt so nah'!'"

„Ein recht schöner Spruch – aber die Bannergevatterschaftsfrage?"

„Eben sie könnte durch die Goethe'schen Verse zu ihrer natürlichen Lösung gelangen. Hört nur weiter! Mir will ein Hymnus nicht aus dem Sinn, ernst und würdevoll dahin schreitend durch lauter gehaltene, sozusagen viereckete Noten, massiv wie kyklopisches Mauerwerk. Nach der Ansicht des Herrn Chorregenten gehört er der hypotonischen Tonart an, ins F versetzt, und bildet schon in seiner Eigenschaft als monodischer Gesang einen wirksamen Kontrast zu unserem zweistimmigen Bundesliede. Ich zitiere nur die ersten Worte: ,Mir san neet von...'"

Und feierlich jubelnd fiel der Chorus ein: „Mir san neet von Pasing, mir san neet von Loam, mir san von dem lustigen Menzing dahoam."

„Bravooo! Da Capooo! Jetzt gleich um einen Ton höher!"

„Und etwas schneller!"

„Nein, noch viel langsamer!"

„Nicht zu viele Abschweifungen! Die Gevatterschaftsfrage harrt noch Eures Votums!"

(Herr Brülling erhebt sich.) „Meine Herren! Die Pepi soll leben! Die schönsten Augen! Hooooch!"

„Zur Ordnung! Zur Ordnung!"

„Meinethalben, zur Ordnung... Die geehrten Herren mögen aber wohl überlegen, ob meine Stimm-Mittel mir gestatten, mich majorisieren zu lassen. Kurzum!! Ich hab's der Pepi gestern versprochen, dass ich sie heute leben lasse, und wenn es nicht, und nicht gleich geschieht, so mag das Bannerspruch-Solo singen, wer da will – Brülling wird heiser sein!"

Brüllings brüskes Pochen auf seine Unentbehrlichkeit wirkte sehr deprimierend, aber – es wirkte augenblicklich, selbst auf Feldmoching. Mit merklich gedämpftem Enthusiasmus hob es den Krug ein wenig und sagte: „In Gottes Namen denn, Pepi hoch!" Und die Übrigen sprachen gleichfalls: „Weil's denn nicht anders sein kann, Pepi hoch!"

Nach einer kleinen peinlichen Pause fragte Feldmoching weiter: „Ist Euch nun Menzing genehm?"

„Jaaaaa."

„Wenn aber Menzing ablehnen sollte – die außerordentliche Verbreitung seines Hymnus' möchte es leicht übermütig gemacht haben!"

„Dagegen gäbe es ein Mittel: man annektiere Menzing! Oder, wenn Euch das zu umständlich dünkt, wählt nicht in blöder Bescheidenheit München oder Landshut – wählt: Köln!!"

„Oho!"

„Ja, das altehrwürdige Köln am Rhein. Warum auch nicht? Für's Erste haben sich die Kölner in London ganz ordentlich heraus gebissen. Und für's Zweite: durch den Eisenstrang steht ja Köln in direkter Verbindung mit Feldmoching. Was sollte denn seine Sänger hindern, eine Fahrt ins Moos zu unternehmen? Die Zeit? Die Amerikaner mögen sagen: Zeit ist Geld. Aber ein echter deutscher Liedertafler achtet nicht Zeit noch Geld, wenn er ein Fest wittert. Die Kölner kommen schon, wenn sie erfahren, dass auch die Moosgrillia Brummstimmen-Kultus treibt!"

„Schluss! Schluss!"

„Menzing oder Köln!"

„Also Menzing oder Köln. – Jetzt aber das Letzte, das punctum salientissimum – der Festredner!"

(Moosach erhebt sich.) „Meine Herren! Einschenken! Die viele Begeisterung macht Durst! Kellnerin!! Wenn ich bedenke – Intelligenz und Repräsentation. – Das Mitglied für Feldmochung hat uns heute ein Doublé vorgelegt in diesen Dingen – Feldmoching soll festreden!"

„Bravooo!"

„Diese Anerkennung – das Bewusstsein – die Rührung –

zu viel der Ehre! Gestatten Sie mir indes, die erste Tugend eines Republikaners zu üben – die Selbstverleugnung! Wohl gibt Ihr Votum mir ein Anrecht auf die Funktion eines Festredners. Lassen Sie mich darauf verzichten. Lassen Sie mich Ihre Blicke lenken auf einen Mann, der unvergesslich lebt in den Herzen aller, die ihn je gehört, einen Mann, gleich groß als politischer wie als Festredner – auf den allverehrten Herrn Doktor Pantopius!"

„Der ist freilich ein berühmter, fleißiger Redner. Wenn er nur bei dieser Gelegenheit nicht wieder das Nämliche..."

„Auch das ist schon erwogen. Es kommt zwar nicht so ganz darauf an, was gesagt wird, als vielmehr, wer das sagt, was gesagt werden soll. Um indes den Herrn Doktor in Stand zu setzen, um bei unserem Feste etwas anderes zu sagen als gewöhnlich, können wir ihm ja sachdienliche Direktive geben. Und um ihn für diese empfänglich zu stimmen, bemerken wir ihm in unserem Einladungsschreiben: das erste leergetrunkene Fass werde als Rednerbühne prangen, eingehüllt in lauter Goldpapier aus den Warenlagern unseres Handelsgremiums. Die Wahl der etwa anzubringenden Zierathen, Embleme, etc., etc. stellen wir dem vielgeliebten Manne selbst anheim. Es dürfen nur keine Rostra drunter sein, eroberte punische Schiffschnäbel meine ich; denn diese sind dermalen im Dachauer Moose nicht aufzutreiben.

Dann – rücken wir mit dem Wunsche heraus, Festredner wollen anheben etwa mit dem Feuerraube des Prometheus und in großen, quasi rhapsodischen Umrissen darlegen, was durch die kühne Tat des Titanen-Häuptlings Herrliches und Großes geworden ist aus dem Menschengeschlechte, wider den Neid der altgriechischen Götter. Nach flüchtiger Berührung der Devastation unserer Wälder, der persischen Naphtaquellen, des pennsylvanischen Petroleums, der Stein-

und Braunkohlen, zwischen denen die deutsche Einheit als effektvolle Episode platziert werden kann, mag er übergehen auf unser prometheisches Produkt – den Torf. Hier wäre die Bemerkung einzuschalten, dass jedes Stück Torf, das aus dem Boden gestochen wird, ein Stück ist vom deutschen Vaterlande, von IHM, für dessen Schmerz auch wir unsern Standpunkt gefunden: wir wollen nämlich sein nicht großdeutsch und nicht kleindeutsch, auch nicht reindeutsch, sondern: alldeutsch. Die Rede werde schließlich gekrönt durch die Absingung des Bannerspruchs: „Es humo per fumum ad astra.“

Stummes Erstaunen fesselte die Zuhörer alle Biere. Die halbgeschlossenen Augen erglänzten in feuchtem Schimmer. Bald da, bald dort öffnete sich ein Mund, doch ohne zu reden. In gehobener Stimmung fuhr Feldmoching fort:

„Ich deute Euer Schweigen – es mutet mich an wie jubelnder Zuruf, denn es konstatiert die Gleichheit der Anschauungen, die Identität der Empfindungen! Wir sind nun am Ziele dieser ersten, wichtigsten, weittragenden Beratung. Mit tiefinnigster Bewegung gedenke ich des Siegs, den Moosach und Ludwigsfeld errungen über sich selbst, als dem Vereine der Vorort gegeben werden sollte. Den falschen musikalischen Ehrgeiz habt ihr von Euch gewiesen, zerbrochen habt ihr das Joch einseitig-vokaler Tätigkeit, noch eh es euren Nacken drückte. Die Restitution der alten Tracht für die Festjungfrauen ist ein sprechendes Zeugnis eures Sinns für den kulturhistorischen Zug der Gegenwart. Das Postulat von zwölf Laubtalern vermochte euren Opfermut nicht zu beugen.

Den *Codex Moosgrilliae*, die Gevatterschaftsfrage, das Banner selbst mit seinen ornithologischen Exponenten, den Torf nebst Prometheus, die punischen Rostra, und was sonst noch heute herantrat an euer Urteil – alles habt ihr mit

Einsicht gewürdigt, mit Umsicht verwertet. Ihr habt dem Geiste der Zeit Rechnung getragen. Die Zeit wird euch tragen. Willig wird sie euch die Geltung gewähren, zu welcher der Zweck des Vereins euch berechtigt. Und nun erhebt euch und eure Krüge, und laut ruft mit mir hinaus in die schweigende Nacht, dass es mächtig erdröhne, himmelan bis zu den ewigen Sternen: ‚Hoch die Moosgrillia, hoch alle, die mit ihr eines Sinnes sind!!'"

Moosach und Karlsfeld schüttelten sich den Schlaf aus den Augen, auch Brülling hatte sich ermuntert. Mit aller Kraft wiederholten sie den donnerähnlich erhobenen Ruf. Feldmoching schickte sich an zur Heimkehr. Karlsfeld ließ es sich nicht nehmen, den schlagfertigen Redner zu begleiten. Brülling musste allein nach Ludwigsfeld wandern, sein Kamerad war nicht zu erwecken gewesen. Das Hoch auf die Pepi hatte der kühne Sänger durchgesetzt, das Bannerspruchsolo verhieß ihm neuen Lorbeer. Rasch dahinschreitend durch die mondbeglänzte Nebeldecke pfiff er vergnügt die Melodie: „O bete auch für meine Ruh'." Dass man von ihr mit einer gewissen Übersättigung gesprochen, konnte ihn nicht beirren – war sie doch das Signal, welches seiner Sehnsucht das Kammerfenster öffnete.

Anhang:

„Was man im Dachauer Moose von Vergangenheit, Gegenwart und Zukunft der Tonkunst denkt":

Es handelt sich vor allem darum, die Berechtigung des Wortes „Wiedererweckung" nachzuweisen. Nichts leichter als das. Schon eine oberflächliche Betrachtung des römischen Chorals genügt, in ihm, wo er sich nicht der Iteration bedient, das Vorhandenseins des Prinzips der unendlichen Melodie wahrzunehmen. Man braucht nur zwischen die einzelnen Noten recht viele Doppel-Bee und Doppel-Kreuze zu setzen, hin und wieder die Tonentfernungen gehörig weit auseinander zu recken, Crescendo- und Decrescendo-Zeichen nicht zu sparen (den Werken des Pränestiners zum Beispiel sucht man bereits mit ebenso viel Verständnis als Berechtigung durch dergleichen Blähungszeichen wieder auf die Strümpfe zu helfen), und eine der wichtigste Errungenschaften unserer Zeit, die unendliche Melodie, steht vor uns – leibhaftig, ohne Darwinismus. Wenn die Wirkung des römischen Chorals auf moderne Ohren nicht immer eine anmutende genannt werden kann, so steckt die Ursache hiervon für's Erste in obengenanntem Prinzip als solchem selbst, respektive im Sichverhalten der Auffassungsfähigkeit zu dessen melodisch-unendlicher Eigenschaft; dann in seiner völligen Unabhängigkeit, in seinem absoluten Losgebundensein von aller Harmonie und Modulation, welcher seine Komponisten schon deshalb sich nicht zu subordinieren vermochten, weil sie zu ihrer zeit noch gar nicht existierte; endlich und hauptsächlich in der übergroßen Dürftigkeit seines Tonsystems.

Das Tonsystem des römischen Chorals enthält bekanntlich ohne das „B rotundum" nur sieben verschiedene, die sogenannten natürlichen Töne, welche einschließlich der Oktave sich auch nur 1 x 2 x 3 x 4 x 5 x 6 x 7 x 8 = 40320 mal versetzen lassen. Mit so armseligem Material könnte man selbst heutzutage nicht jene Unendlichkeit der Melodie erzielen, die man nun einmal als Notwendigkeit erkannt und hingestellt hat. Ebenso ist mit ihm trotz aller Polyphonie nur eine äußerst dürftige Harmonie und eigentlich gar keine Modulation möglich. Auch das jetzige (temperierte) Tonsystem mit seinen zwölf

Halbtönen ist nur als Übergangsstadium zu betrachten. Denn ein Tetrachord von vier Halbtönen, man mag es rhythmisch rücken wie man will, ist doch noch viel zu massiv, viel zu ungeschlacht und reckenhaft für die Ekstase eines Spermatozoons, das eben im Begriffe steht, sich an den Ort seiner Bestimmung zu verfügen.

Doch muss man zugestehen, dass bereits in diesem jetzigen Tonsystem eine vollgenügende Ausdrucksweise geschaffen werden konnte für ein Hauptcharakteristikum unserer Zeit: für das unaussprechliche Weh des ungestillten, weil unstillbaren Sehnens, dessen musikalisch-adäquate Darstellung dem Empfangenden Klarheit und Befriedigung weder gewähren will noch darf, indem sie eben das Unklare, das Nichtbefriedigende als höchstes Ziel, als liebste Labe für Eingeweihte und Gleichfühlende anzustreben hat. Eine andere zeit wird wieder eine andere Sorte von weh mit sich bringen, ohne Zweifel eine noch intensivere, fühlbarere. Diese wird zu ihrer musikalischen Darstellung noch reichere Mittel bedürfen. Schon naht sich Heil.

Die Einführung der Zwölftelstöne unserer Moosgrille ergibt 72 verschiedene Tonstufen, ergibt ebenso viele Dur- und die gleiche Zahl von Moll-Tonarten, und in jeder derselben noch innerhalb einer Oktave eine gewiss unfassliche Anzahl melodisch-verwendbarer Versetzungen, deren Berechnung (40320 x 9 x 10 x ... x 70 x 71 x 72 = x) für heute etwas zu viel zeit in Anspruch nehmen würde. Das Produkt wird hoffentlich selbst dem unersättlichen Heißhunger nach unerhört neuen melodischen Wendungen genügen, und zwar auf eine unabsehbare Reihe von Generationen hinaus: die Unendlichkeit der Melodie muss durch sie eine Wahrheit werden können, schon durch blindes Zugreifen, ohne Tätigkeit einer wirklich freien, schaffenden Fantasie.

Noch fruchtbarer wird das neue Tonsystem für Harmonie, insbesondere für Modulation sich erweisen, und diese erst voll und ganz befähigen, ihrer Bestimmung und Aufgabe genug zu tun. Worin diese besteht? Schon die Jetztzeit ist, vielleicht auf dem Wege der Spekulation, vielleicht instinktmäßig tastend, jedenfalls ganz konsequent zur Erkenntnis gelangt, dass die unendliche Melodie (weil sie gemäß ihrer Natur dem Gedächtnis sich ebenso zu entziehen strebt, als sie mit oder wider Willen und Bewusstsein auf dasselbe verzichtet) nur unter der absoluten Herrschaft einer völlig autokratisch schaltenden Modulation zu siegen vermöge über die unsterbliche Melodie des überwundenen Standpunktes mit seiner erstarrten Architektur – unter der Herrschaft einer Modulation, welche, schon an sich pathologisch-drastisch-stimulierend, eingehüllt in reizvolle Klangfarben, dem Ohre süß eingeht wie Sulamiths selbstbereiteter Wein dem Geliebten.

Grundlage jeder absoluten Herrschaft aber ist Macht und Reichtum. Die erforderliche Fülle von Reichtum und Macht bietet im konkreten falle das Tonsystem der Zwölftelstöne. Darin auch liegt das Zwingende, das Unausbleibliche seiner Realisierung. Diese ist durchaus nicht in den Bereich der Unmöglichkeit zu verweisen. Durch neu zu errichtende Schulen, neu zu schreibende Theorien, neu zu gründende und wohl zu dotierende Zeitschriften, neu zu stiftende und gleichfalls wohl zu dotierende Kameraderien und unterstützt von neu zu erfindenden Instrumenten wird eine fortschrittliche Gesangsbildung die Schwierigkeiten der neuen Intonation bewältigen lehren.

Die Susceptibilität der Zeitgenossen wäre außerdem noch herbeizuführen auf dem Wege allmählicher Angewöhnung, selbstverständlich unter gleichzeitiger Entwöhnung vom Genusse absoluter, dass heißt solcher Musik, welche ohne

Beziehung auf ein Gedicht, eine Handlung oder irgendein Programm lediglich durch sich selbst zu wirken vermag. Die verstocktesten Widersacher wären vielleicht zur Omphaloskopie zu verhalten, natürlich zur Anhörung der Musik, welcher sie so halsstarrig widerstreben.

Einem der kommenden Geschlechter wird es dann vergönnt sein, das neue Jeruschalaijm, den neuen Himmel, die neue Erde (Apokalypse XXI, 1. 2.), will sagen: die Verkörperung jenes Ideals zu schauen, dessen immanentes Sein begrifflich konzentriert dem Wissenden jetzt schon sich entschleiert als das höchstpotenzierte Nichtabsolutmusikalisch-Niedagewesene. Eine epigonische Geschichtsschreibung wird alsdann zu erzählen haben von der jüngsten Götterdämmerung mit ihren Kämpfen und den hyper-homerischen Schmähreden, die ihnen voran gingen und sie begleiteten; von euryanthisch-tollgewordener Romantik, die bisweilen heraufsteigt auf die diatonischen Auen der Oberwelt, mit dem Tande der siechen, eintagslebigen Kinder verlotterter, pietistischer Sentimentalität sich schmückt, dann stracks sich hinzieht, woher sie kam – zu den sonnenlichtlosen Grotten des Hörselberges, in deren Dämmerschein sie die müden Buhlen frottiert mit Stalaktitengeröll und embryonischen Kristallen, in deren eisigen Gewässern sie die fieberglutigen Glieder kühlt, sie, die chromatisch-enharmonisch ausgeschämte Teufeline.

Es wird zu erzählen sein von selbstbewusster oder selbstgewollter Impotenz, die sich hinter selbstverfertigten Theoremen, hinter selbstersonnenen Gesetzen verschanzt, von diesem Bollwerk aus alle Form als ausgelebte Schablone erst proskribiert, dann zerschlagen und zerrieben habe, um die frei gewordene, aller gestaltenden Fesseln ledige Materie, nämlich die unendliche Modulation, in welcher die melodielos gewordene, die unendliche Melodie aufgegangen, als sich selbst setzenden, sich selbst krönenden Selbstzweck proklamieren zu können; von menschenähnlichen, borstigen Doppelwesen, die dem neuen Lichte lieblos sich verschließend tierisch sich ergötzen an des überschätzten Salzburgers Messer- und Tellergeklapper; item, von gottgleichen Menschen, die da schwelgen in Heulen und Zähneklappern; vom unbeweinten Sturze der unsterblichen Melodie des überwundenen Standpunktes; endlich von der Umschmelzung der Eroteriker in Esoteriker, vollzogen durch die allhinlohende Lohe, durch den allumwabernden Waber allerfassender Begeisterung heilig verzückter Nabelbeschauung...

Der neuen Geschichte gerechtestes Kapitel aber wird zu preisen haben das Tonsystem der heimischen Moosgrille als die Mutter, deren Schoß allein sich das neue Heil der Tonkunst zu entwinden, aus deren Brüsten allein es seine Nahrung zu saugen vermochte. Darum auch wird das Bild der Moosgrille das Banner der „Moosgrillia" mit einer Herrlichkeit überstrahlen, die weithin leuchten wird durch die Lande und Geschlechter der Menschen.